Fremdsprachentexte

Michel Tournier
Contes et petites proses

Herausgegeben von
Klaus Sturm

Philipp Reclam jun. Stuttgart

Universal-Bibliothek Nr. 9280

Gesamtherstellung: Reclam, Ditzingen. Printed in Germany 2002

ISBN 3-15-009280-9

www.reclam.de

Amandine ou Les Deux Jardins

Pour Olivia Clergue

Dimanche J'ai des yeux bleus, des lèvres vermeilles, des grosses joues roses, des cheveux blonds ondulés. Je m'appelle Amandine. Quand je me regarde dans une glace, je trouve que j'ai l'air d'une petite fille de dix ans. Ce n'est pas étonnant. Je suis une petite fille et j'ai dix ans.

J'ai un papa, une maman, une poupée qui s'appelle Amanda, et aussi un chat. Je crois que c'est une chatte. Elle s'appelle Claude, c'est pourquoi on n'est pas très sûr. Pendant quinze jours, elle a eu un ventre énorme, et un matin j'ai trouvé avec elle dans sa corbeille quatre chatons gros comme des souris qui ramaient autour d'eux avec leurs petites pattes et qui lui suçaient le ventre.

À propos de ventre, il était devenu tout plat à croire que les quatre petits y étaient enfermés et venaient d'en sortir! Décidément Claude doit être une chatte.

4 **vermeil, le:** (hoch)rot.
5 **ondulé, e:** gewellt, wellig.
8 **étonnant, e:** erstaunlich.
12 **Claude:** französischer Männer- und Frauenname.
14 **la corbeille:** (henkelloser) Korb.
15 **le chaton:** Kätzchen, kleine Katze.
ramer: rudern.
16 **sucer:** saugen, lutschen.
18 **à croire que:** so daß man (wohl) glauben muß.
20 **décidément** (adv.): sicher, ganz bestimmt.

Les petits s'appellent Bernard, Philippe, Ernest et Kamicha. C'est ainsi que je sais que les trois premiers sont des garçons. Pour Kamicha, évidemment, il y a un doute. Maman m'a dit qu'on ne pouvait pas garder cinq chats à la maison. Je me demande bien pourquoi. Alors j'ai demandé à mes petites amies de l'école si elles voulaient un chaton.

Mercredi Annie, Sylvie et Lydie sont venues à la maison. Claude s'est frottée à leurs jambes en ronronnant. Elles ont pris dans leurs mains les chatons qui ont maintenant les yeux ouverts et qui commencent à marcher en tremblant. Comme elles ne voulaient pas de chatte, elles ont laissé Kamicha. Annie a pris Bernard, Sylvie Philippe et Lydie Ernest. Je ne garde que Kamicha, et naturellement je l'aime d'autant plus fort que les autres sont partis.

Dimanche Kamicha est roux comme un renard avec une tache blanche sur l'œil gauche, comme s'il avait reçu ... quoi au juste? Le contraire d'un coup. Une bise. Une bise de boulanger. Kamicha a un œil au beurre blanc.

Mercredi J'aime bien la maison de maman et le jardin de papa. Dans la maison, la température est toujours la même, été comme hiver. En toute saison les gazons du

5 **alors:** daraufhin; also.
9 **ronronner:** schnurren.
19 **quoi au juste:** ja was eigentlich?
la bise (fam.): Küßchen, Bussi.
20f. **un œil au beurre blanc:** weißer Fleck ums Auge (Wortspiel in Abwandlung von: *un œil au beurre noir*: blaues Auge).
24 **le gazon:** Rasen(fläche).

jardin sont aussi verts et bien rasés. On dirait que maman dans sa maison et papa dans son jardin font un vrai concours de propreté. Dans la maison on doit marcher sur des patins de feutre pour ne pas salir les parquets. Dans le jardin papa a disposé des cendriers pour les promeneurs-fumeurs. Je trouve qu'ils ont raison. C'est plus rassurant comme ça. Mais c'est quelquefois aussi un peu ennuyeux.

Dimanche Je me réjouis de voir mon petit chat grandir et tout apprendre en jouant avec sa maman.
Ce matin je vais voir leur corbeille dans la bergerie. Vide! Plus personne! Quand Claude allait se promener, elle laissait Kamicha et ses frères tout seuls. Aujourd'hui elle l'a emmené. Elle a dû l'emporter plutôt, parce que je suis sûre que le petit n'a pas pu la suivre. Il marche à peine. Où est-elle allée?

Mercredi Claude disparue depuis dimanche est brusquement revenue. J'étais en train de manger des fraises dans le jardin, tout à coup je sens de la fourrure contre mes jambes. Je n'ai pas besoin de regarder, je sais que c'est Claude. Je cours à la bergerie pour voir si le petit est revenu lui aussi. La corbeille est toujours vide. Claude s'est approchée. Elle a regardé dans la corbeille et a levé

1 **on dirait que:** es ist, als ob; man könnte meinen, daß.
2f. **faire le concours:** einen Wettstreit austragen, wetteifern.
4 **le patin de feutre** (*m.*): Filzschuh, -pantoffel.
le parquet: Parkett(fußboden).
5f. **le promeneur-fumeur:** rauchender Spaziergänger.
7 **rassurant, e:** beruhigend.
9 **se réjouir de qc:** sich über etwas freuen, an etwas erfreuen.
11 **la bergerie:** (Schaf-)Stall.
12 **plus** (fam.): kein, e (mehr).

la tête vers moi en fermant ses yeux d'or. Je lui ai demandé: «Qu'as-tu fait de Kamicha?» Elle a détourné la tête sans répondre.

Dimanche Claude ne vit plus comme avant. Autrefois elle était tout le temps avec nous. Maintenant elle est très souvent partie. Où? C'est ce que je voudrais bien savoir. J'ai essayé de la suivre. Impossible. Quand je la surveille, elle ne bouge pas. Elle a toujours l'air de me dire: «Pourquoi me regardes-tu? Tu vois bien que je reste à la maison.»
Mais il suffit d'un moment d'inattention, et pfoutt! plus de Claude. Alors là, je peux toujours chercher! Elle n'est nulle part. Et le lendemain je la retrouve près du feu, et elle me regarde d'un air innocent, comme si j'avais des visions.

Mercredi Je viens de voir quelque chose de drôle. Je n'avais pas faim du tout, et, comme personne ne me regardait, j'ai glissé à Claude mon morceau de viande. Les chiens – quand on leur lance un morceau de viande ou de sucre –, ils l'attrapent au vol et le croquent de confiance. Pas les chats. Ils sont méfiants. Ils laissent tomber. Puis ils examinent. Claude a examiné. Mais, au lieu de manger, elle a pris le morceau de viande dans sa

11 **une inattention:** Unaufmerksamkeit.
pfoutt! (interj.): hopp, husch.
13 **le lendemain:** der folgende, der nächste Tag.
14f. **avoir des visions** (*f.*): Halluzinationen haben, sich etwas einbilden.
18 **glisser qc à qn:** jdm. etwas (heimlich) zustecken.
20 **croquer:** (geräuschvoll) zerbeißen; verschlingen.
21 **de confiance:** voller Vertrauen, arglos.
méfiant, e: mißtrauisch.

gueule, et elle l'a emporté dans le jardin, au risque de me faire gronder si mes parents l'avaient vue.
Ensuite elle s'est cachée dans un buisson – sans doute pour se faire oublier. Mais je la surveillais. Tout à coup elle a bondi vers le mur, elle a couru contre le mur comme s'il était couché par terre, mais il était bel et bien debout, et la chatte s'est trouvée en haut en trois bonds, toujours avec mon morceau de viande dans la gueule. Elle a regardé vers nous comme pour s'assurer qu'on ne la suivait pas, et elle a disparu de l'autre côté.
Moi, j'ai mon idée depuis longtemps. Je soupçonne que Claude a été écœurée qu'on lui ait enlevé trois chatons sur quatre, et elle a voulu mettre Kamicha en sûreté. Elle l'a caché de l'autre côté du mur, et elle reste avec lui chaque fois qu'elle n'est pas ici.

Dimanche J'avais raison. Je viens de revoir Kamicha disparu depuis trois mois. Mais comme il a changé! Ce matin, je m'étais levée plus tôt que d'habitude. Par la fenêtre, j'ai vu Claude qui marchait lentement dans une allée du jardin. Elle tenait un mulot mort dans sa gueule. Mais ce qui était extraordinaire, c'était une sorte de grognement très doux qu'elle faisait, comme les grosses

2 **gronder qn:** jdn. ausschimpfen, schelten.
3 **le buisson:** Strauch; Gebüsch.
5 **bondir:** springen, einen Satz machen.
6 **couché, e** (fig.): flach, niedrig.
bel et bien (adv.): schön und gut; hier: tatsächlich, wirklich.
7 **le bond:** Sprung, Satz.
12 **écœurer:** anwidern, anekeln.
enlever: wegnehmen.
20 **le mulot:** Waldmaus.
21 f. **le grognement:** Grunzen, Brummen, Knurren.

mères poules quand elles se promènent entourées de leurs poussins. Là, le poussin, il n'a pas tardé à se montrer, mais c'était un gros poussin à quatre pattes, couvert de poils roux. Je l'ai vite reconnu avec sa tache blanche sur l'œil, son œil au beurre blanc. Mais comme il est devenu fort! Il a commencé à danser autour de Claude en essayant de donner des coups de patte au mulot, et Claude levait la tête bien haut pour que Kamicha ne puisse pas l'attraper. Finalement elle l'a laissé tomber, mais alors Kamicha, au lieu de croquer le mulot sur place, l'a pris très vite et a disparu avec sous les buissons. J'ai bien peur que ce petit chat ne soit tout à fait sauvage. Forcément, il a grandi de l'autre côté du mur sans jamais voir personne, sauf sa mère.

Mercredi Maintenant je me lève tous les jours avant les autres. Ce n'est pas difficile, il fait si beau! Et, comme cela, je fais ce que je veux dans la maison pendant au moins une heure. Comme papa et maman dorment, j'ai l'impression d'être seule au monde.
Ça me fait un peu peur, mais je ressens en même temps une grande joie. C'est drôle. Quand j'entends remuer dans la chambre des parents, je suis triste, la fête est finie. Et puis je vois dans le jardin un tas de choses nouvelles pour moi. Le jardin de papa est si soigné et peigné qu'on croirait qu'il ne peut rien s'y passer.

1 **la mère poule:** Glucke.
2 **le poussin:** Küken.
2f. **tarder à se montrer:** (lange) auf sich warten lassen.
10f. **sur place:** an Ort und Stelle.
13 **forcément** (adv.): gezwungenermaßen, notgedrungen.
20 **ressentir:** empfinden, verspüren.

Pourtant on en voit des choses quand papa dort! Juste avant que le soleil se lève, il y a un grand remue-ménage dans le jardin. C'est l'heure où les animaux de nuit se couchent, où les animaux de jour se lèvent. Mais justement, il y a un moment où ils sont tous là. Ils se croisent, parfois ils se cognent parce que c'est à la fois la nuit et le jour.
La chouette se dépêche de rentrer avant que le soleil ne l'éblouisse, et elle frôle le merle qui sort des lilas. Le hérisson se roule en boule au creux des bruyères au moment où l'écureuil passe la tête par le trou du vieux chêne pour voir le temps qu'il fait.

Dimanche Il n'y a plus de doute maintenant: Kamicha est tout à fait sauvage. Quand je les ai vus, Claude et lui, ce matin sur la pelouse, je suis sortie et je me suis dirigée vers eux. Claude m'a fait fête. Elle est venue se frotter à mes jambes en ronronnant. Mais Kamicha avait disparu

1 **on en voit des choses:** da kann man was erleben.
2 **le remue-ménage** (fig.): Durcheinander, Hin und Her, Kommen und Gehen.
6 **se cogner** (fig.): sich stoßen; aufeinandertreffen, zusammenstoßen.
8 **la chouette:** Eule.
se dépêcher: sich beeilen.
9 **éblouir:** blenden.
frôler: streifen, leicht berühren.
le merle: Amsel.
le lilas: Flieder.
10 **le hérisson:** Igel.
le creux: Höhlung, hohle Stelle.
la bruyère: Heidekraut, Erika.
11 **un écureuil:** Eichhörnchen.
15 **la pelouse:** Rasen.
16 **faire fête à qn:** jdn. freudig empfangen.

d'un bond dans les groseilliers. C'est curieux tout de même! Il voit bien que sa maman n'a pas peur de moi. Alors pourquoi se sauve-t-il? Et sa maman, pourquoi ne fait-elle rien pour le retenir? Elle pourrait lui expliquer que je suis une amie. Non. On dirait qu'elle a complètement oublié Kamicha dès que je suis là. Elle a vraiment deux vies qui ne se touchent pas, sa vie de l'autre côté du mur et sa vie avec nous dans le jardin de papa et la maison de maman.

Mercredi J'ai voulu apprivoiser Kamicha. J'ai placé une assiette de lait au milieu de l'allée, et je suis rentrée dans la maison où j'ai observé par une fenêtre ce qui allait se passer.

Claude est arrivée la première, bien entendu. Elle s'est posée devant l'assiette, les pattes de devant bien sagement serrées l'une contre l'autre, et elle a commencé à laper. Au bout d'une minute, j'ai vu l'œil au beurre blanc de Kamicha apparaître entre deux touffes d'herbe. Il observait sa mère en ayant l'air de se demander ce qu'elle pouvait bien faire. Puis il s'est avancé, mais tout aplati par terre, et il a rampé lentement, lentement, vers Claude. Dépêche-toi, petit Kamicha, sinon quand tu arriveras l'assiette sera vide! Enfin, il y est. Mais non, pas encore! Le voilà qui tourne autour de l'assiette, toujours

1 **le groseillier:** Johannisbeerstrauch.
10 **apprivoiser:** zähmen.
15 **se poser:** sich niederlassen, hinstellen.
15f. **sagement** (adv.): artig, wohlerzogen.
17 **laper:** (auf)lecken, schlabbern.
18 **la touffe d'herbe:** Grasbüschel.
19f. **ce qu'elle pouvait bien faire:** was sie wohl anstellte.
20 **s'aplatir:** sich flach hinlegen, ducken.

en rampant. Comme il est farouche! Un vrai chat sauvage. Il tend le cou vers l'assiette, un cou long, long, un vrai cou de girafe, tout ça pour rester le plus loin possible de l'assiette. Il tend le cou, il baisse le nez, et brusquement il éternue. Il vient de toucher le lait avec son nez. Il ne s'y attendait pas. C'est qu'il n'a jamais mangé dans une assiette, ce petit sauvage. Il a fait gicler des gouttes de lait partout. Il recule et se pourlèche les babines d'un air dégoûté. Claude aussi a été éclaboussée, mais elle s'en moque. Elle continue à laper, vite, régulièrement, comme une machine.

Kamicha a fini de s'essuyer. En vérité, ces quelques gouttes de lait qu'il a léchées lui rappellent quelque chose. C'est un souvenir pas très ancien. Il s'aplatit. Il recommence à ramper. Mais cette fois, c'est vers sa mère qu'il rampe. Il glisse sa tête sous son ventre. Il tète.

Alors voilà: la grosse chatte lape et le petit chat tète. Ça doit être le même lait, celui de l'assiette qui entre dans la bouche de la chatte, ressort par sa doudoune, et entre dans la bouche du petit chat. La différence, c'est qu'il s'est réchauffé au passage. Le petit chat n'aime pas le lait froid. Il se sert de sa mère pour le faire tiédir.

1 **farouche:** wild, ungezähmt; scheu.
5 **éternuer:** niesen.
7 **gicler:** (ver-, umher-)spritzen.
8 **se pourlécher:** sich die Lippen lecken.
la babine: (Tier-)Lippe, Lefze.
8f. **d'un air dégoûté:** mit angeekelter Miene.
9 **éclabousser:** (mit Schmutz) bespritzen, bekleckern.
13 **lécher:** (ab)lecken, schlecken.
16 **téter:** saugen.
19 **ressortir:** wieder herauskommen.
la doudoune (fam.): Zitze.
22 **se servir de qc/qn:** sich einer Sache, einer Person bedienen; benutzen.
tiédir: leicht erwärmen.

L'assiette est vide. Claude l'a si bien léchée qu'elle brille au soleil. Claude tourne la tête. Elle découvre Kamicha toujours en train de téter. «Tiens, qu'est-ce qu'il fait là, celui-là?» La patte de Claude s'est détendue comme un ressort. Oh, pas méchamment! Toutes griffes rentrées. Mais le coup a sonné sur le crâne de Kamicha qui roule comme une boule. Ça lui rappellera qu'il est un grand chaton. Est-ce qu'on tète encore à son âge?

Dimanche J'ai résolu d'entreprendre une expédition de l'autre côté du mur pour essayer d'amadouer Kamicha. Et aussi un peu par curiosité. Je crois qu'il y a là derrière quelque chose d'autre, un autre jardin, une autre maison peut-être, le jardin et la maison de Kamicha. Je crois que si je connaissais son petit paradis, je saurais mieux gagner son amitié.

Mercredi Cet après-midi, j'ai fait le tour de la propriété d'à côté. Ce n'est pas très grand. Il ne faut que dix minutes pour revenir sans se presser à son point de départ. C'est simple: c'est un jardin qui a exactement la taille du jardin de papa. Mais alors, ce qui est extraordinaire: pas de porte, pas de grille, rien! Un mur sans aucune ouverture. Ou bien les ouvertures ont été bou-

3 **tiens** (interj.): schau mal, sieh da.
4 **se détendre:** Spannung verlieren, nachlassen; hier: sich ausstrecken.
5 **le ressort:** (Stahl-)Feder, Triebfeder.
méchamment (adv.): bösartig.
toutes griffes rentrées: mit eingezogenen Krallen.
9 **résoudre:** einen Entschluß fassen, beschließen.
une expédition: Expedition, Entdeckungsreise.
10 **amadouer qn:** jdn. umschmeicheln, für sich gewinnen.
20 **la taille:** Größe.
21 **la grille:** Gitter, Gittertor.

chées. La seule façon d'entrer, c'est de faire comme Kamicha, sauter le mur. Mais moi, je ne suis pas un chat. Alors comment faire?

Dimanche J'avais d'abord pensé me servir de l'échelle de jardinier de papa, mais je ne sais si j'aurais eu la force de la porter jusqu'au mur. Et puis tout le monde la verrait. Je serais vite repérée. Je ne sais pas trop pourquoi, mais je crois que si papa et maman se doutaient de mes projets, ils feraient tout pour m'empêcher de les réaliser. Ce que je vais écrire est très vilain, et j'ai honte, mais comment faire? Aller dans le jardin de Kamicha, je crois que c'est nécessaire et délicieux, mais je ne dois en parler à personne, surtout pas à mes parents. Je suis très malheureuse. Et très heureuse en même temps.

Mercredi Il y a à l'autre bout du jardin un vieux poirier tout tordu dont une grosse branche se tend vers le mur. Si j'arrive à marcher jusqu'au bout de cette branche, je pourrai sans doute mettre le pied sur le haut du mur.

Dimanche Ça y est! Le coup du vieux poirier a réussi, mais comme j'ai eu peur! Un moment je me suis trouvée les jambes écartelées, un pied sur la branche du poirier,

2 **sauter le mur:** über die Mauer klettern, ausbrechen.
7 **repérer:** ausfindig machen, entdecken.
ne ... pas trop: nicht recht, eigentlich nicht.
10 **vilain, e:** gemein, böse; ungezogen, ungehörig.
12 **délicieux, se:** köstlich; herrlich, wunderbar.
16 **tordu, e:** verbogen, krumm; verwachsen.
se tendre: sich erstrecken; reichen.
19 **ça y est** (interj.): das war's, geschafft.
le coup (fig.): Sache, Unternehmung; Wagnis.
21 **écarteler:** vierteilen; (fig.): auseinanderreißen, spreizen.

l'autre sur le haut du mur. Je n'osais pas lâcher le rameau de l'arbre que je tenais encore dans ma main. J'ai failli appeler au secours. Finalement, je me suis lancée. Un peu plus et je tombais de l'autre côté du mur, mais j'ai retrouvé mon équilibre, et aussitôt j'ai pu observer le jardin de Kamicha que je dominais.

D'abord je n'ai vu qu'un fouillis de verdure, un vrai taillis, une mêlée d'épines et d'arbres couchés, de ronces et de hautes fougères, et aussi un tas de plantes que je ne connais pas. Tout le contraire exactement du jardin de papa, si propre et si bien peigné. J'ai pensé que jamais je n'oserais descendre dans cette forêt vierge qui devait grouiller de crapauds et de serpents.

Alors j'ai marché sur le mur. Ce n'était pas facile, parce que souvent un arbre avait appuyé dessus sa branche avec toutes ses feuilles, et je ne savais pas où je mettais le pied. Et puis il y avait des pierres descellées qui

1 **le rameau:** Zweig.
2 **faillir faire qc:** beinahe, um ein Haar etwas tun.
3 **se lancer:** losstürzen, Anlauf nehmen, vorwärtsstürmen; hier: (ab)springen.
5 **un équilibre:** Gleichgewicht.
6 **dominer:** beherrschen; hier: überragen, überschauen.
7 **le fouillis** (fam.): Durcheinander, Wirrwarr.
la verdure: (Laub-)Grün.
le taillis: Gestrüpp, Dickicht.
8 **la mêlée** (fig.): ungeordnete Menge, Gewirr.
une épine: Dorn(strauch).
la ronce: Brombeerstrauch.
9 **la fougère:** Farn.
un tas de (fam.): ein Haufen, massenhaft.
11 **peigner** (fig.): säubern, in Ordnung halten.
12 **la forêt vierge:** Urwald.
13 **grouiller de qc:** von etwas wimmeln.
le crapaud: Kröte.
17 **se desceller:** abbröckeln, loslösen, sich lockern.

basculaient, d'autres rendues glissantes par la mousse. Mais j'ai découvert ensuite quelque chose de tout à fait surprenant: posé contre le mur, comme pour moi depuis toujours, une sorte d'escalier en bois très raide avec une rampe, un peu comme les grosses échelles qui servent à monter dans les greniers. Le bois était verdi et vermoulu, la rampe gluante de limaces. Mais c'était quand même bien commode pour descendre, et je ne sais comment j'aurais fait sans cela.

Bon. Me voilà dans le jardin de Kamicha. Il y a de hautes herbes qui m'arrivent jusqu'au nez. Je dois marcher dans une ancienne allée taillée à travers la forêt, mais qui est en train de disparaître. De grosses fleurs bizarres me caressent la figure. Elles sentent le poivre et la farine, une odeur très douce, mais aussi qui fait un peu mal à respirer. Impossible de dire si c'est une odeur bonne ou mauvaise. Les deux à la fois, on dirait.

J'ai un peu peur, mais la curiosité me pousse. Tout ici a l'air abandonné depuis très, très longtemps. C'est triste et c'est beau comme un coucher de soleil ... Un tournant, un couloir de verdure encore, et j'arrive à une sorte de clairière ronde avec au milieu une dalle. Et, assis sur la

1 **basculer:** kippen, schaukeln; hier: wackeln.
3 **surprenant, e:** überraschend, erstaunlich.
5 **la rampe:** Aufgang, Schräge, Rampe.
6 **verdir:** grün werden.
vermoulu, e: wurmstichig, morsch.
7 **gluant, e:** klebrig.
la limace: (Nackt-)Schnecke.
14 **caresser:** liebkosen, streicheln.
20 **un coucher de soleil:** Sonnenuntergang.
20f. **le tournant:** Krümmung, Kurve, Biegung.
21 **le couloir:** hier: (Durch-)Gang, Pfad durchs Gestrüpp.
22 **la clairière:** lichte Stelle, Lichtung.
la dalle: Steinplatte.

dalle, devinez qui? Kamicha en personne qui me regarde tranquillement venir à lui. C'est drôle, je le trouve plus grand et plus fort que dans le jardin de papa. Mais c'est lui, je n'en doute pas, aucun autre chat n'a un œil au beurre blanc. En tout cas, il est bien calme, presque majestueux. Il ne s'enfuit pas comme un fou, il ne vient pas non plus à moi pour que je le caresse, non, il se lève et marche tranquillement, la queue droite comme un cierge, vers l'autre bout de la clairière. Avant de pénétrer sous les arbres, il s'arrête et se retourne comme pour voir si je le suis. Oui, Kamicha, je viens, je viens! Il ferme les yeux longuement d'un air satisfait et repart aussi calme. Je ne le reconnais vraiment plus. Ce que c'est que d'être dans l'autre jardin! Un vrai prince dans son royaume.

Nous faisons ainsi des tours et des détours en suivant un sentier qui se perd parfois complètement dans les herbes. Et puis je comprends que nous sommes arrivés. Kamicha s'arrête encore, tourne la tête vers moi et ferme lentement ses yeux d'or.

Nous sommes à l'orée du petit bois, devant un pavillon à colonnes qui se dresse au centre d'une vaste pelouse ronde. Une allée avec des bancs de marbre cassés et moussus en fait le tour. Sous le dôme du pavillon, il y a

6 **majestueux, se:** majestätisch, erhaben, würdevoll.
s'enfuir: (ent-)fliehen, davonlaufen.
9 **le cierge:** (Wachs-)Kerze.
15 **le royaume:** (König-)Reich.
16 **faire des tours et des détours:** kreuz und quer gehen (*le détour:* Umweg).
21 **une orée:** (Wald-)Rand.
22 **la colonne:** Säule.
24 **moussu, e:** bemoost.
le dôme: Kuppel.

une statue assise sur un socle. C'est un jeune garçon tout nu avec des ailes dans le dos. Il incline sa tête frisée avec un sourire triste qui creuse des fossettes dans ses joues, et il lève un doigt vers ses lèvres. Il a laissé tomber un petit arc, un carquois et des flèches qui pendent le long du socle.

Kamicha est assis sous le dôme. Il lève la tête vers moi. Il est aussi silencieux que le garçon de pierre. Il a comme lui un sourire mystérieux. On dirait qu'ils partagent le même secret, un secret un peu triste et très doux, et qu'ils voudraient me l'apprendre. C'est drôle. Tout est mélancolique ici, ce pavillon en ruine, ces bancs cassés, ce gazon fou, plein de fleurs sauvages, et pourtant je sens une grande joie. J'ai envie de pleurer et je suis heureuse. Comme je suis loin du jardin bien peigné de papa et de la maison bien cirée de maman! Est-ce que je pourrai jamais y revenir?

Je tourne brusquement le dos au garçon secret, à Kamicha, au pavillon, et je m'enfuis vers le mur. Je cours comme une folle, les branches et les fleurs me fouettent le visage. Quand j'arrive au mur, ce n'est bien sûr pas là où il y a l'échelle vermoulue du meunier. Enfin la voilà!

1 **le socle:** Sockel, Unterbau.
2 **frisé, e:** gekräuselt, gelockt.
3 **la fossette:** Grübchen.
5 **un arc:** Bogen.
un carquois: Köcher.
la flèche: Pfeil.
9 **mystérieux, se:** geheimnisvoll, rätselhaft.
11 f. **mélancolique:** melancholisch, schwermütig, trübsinnig.
12 **en ruine:** verfallen.
13 **fou, folle:** hier: wild, verwildert.
16 **ciré, e:** gewachst, gebohnert.
20 **fouetter:** peitschen, schlagen.
22 **une échelle de meunier:** (schmale) Leiter.

Je marche aussi vite que possible sur le sommet du mur. Le vieux poirier. Je saute. Je suis dans le jardin de mon enfance. Comme tout y est clair et bien ordonné!
Je monte dans ma petite chambre. Je pleure longtemps, très fort, pour rien, comme ça. Et ensuite, je dors un peu. Quand je me réveille, je me regarde dans la glace. Mes vêtements ne sont pas salis. Je n'ai rien. Tiens, si, un peu de sang. Une traînée de sang sur ma jambe. C'est curieux, je n'ai d'écorchure nulle part. Alors pourquoi? Tant pis. Je m'approche du miroir et je regarde ma figure de tout près.
J'ai des yeux bleus, des lèvres vermeilles, des grosses joues roses, des cheveux blonds ondulés.
Pourtant je n'ai plus l'air d'une petite fille de dix ans. De quoi ai-je l'air? Je lève mon doigt vers mes lèvres vermeilles. J'incline ma tête frisée. Je souris d'un air mystérieux. Je trouve que je ressemble au garçon de pierre ...
Alors je vois des larmes au bord de mes paupières.

Mercredi Kamicha est devenu très familier depuis ma visite dans son jardin. Il passe des heures étendu sur le flanc au soleil.
À propos de flanc, je le trouve bien rond. De jour en jour plus rond.
Ça doit être une chatte.
Kamichatte ...

8 **une traînée:** Streifen, Spur.
9 **une écorchure:** Schramme.
10 **le miroir:** Spiegel.
19 **la paupière:** (Augen-)Lid.
20 **familier, ère:** ungezwungen; vertraut.
21 f. **être étendu sur le flanc:** auf der Seite ausgestreckt liegen.
23 **de jour en jour:** von Tag zu Tag, mit jedem Tag.

Pierrot
ou Les Secrets de la nuit

Deux petites maisons blanches se faisaient face dans le village de Pouldreuzic. L'une était la blanchisserie. Personne ne se souvenait du vrai nom de la blanchisseuse, car tout le monde l'appelait Colombine en raison de sa robe neigeuse qui la faisait ressembler à une colombe. L'autre maison était la boulangerie de Pierrot.

Pierrot et Colombine avaient grandi ensemble sur les bancs de l'école du village. Ils étaient si souvent réunis que tout le monde imaginait que plus tard ils se marieraient. Pourtant la vie les avait séparés, lorsque Pierrot était devenu mitron et Colombine blanchisseuse. Forcément, un mitron travaille la nuit, afin que tout le village ait du pain frais et des croissants chauds le matin. Une blanchisseuse travaille le jour. Tout de même, ils auraient pu se rencontrer aux crépuscules, le soir quand Colombine s'apprêtait à se coucher et quand Pierrot se levait, ou le matin quand la journée de Colombine commençait et quand la nuit de Pierrot s'achevait.

1 **Pierrot:** naive, traurig-sentimentale Figur der italienischen Commedia dell'arte (ital. Pedrolino).

4 **Pouldreuzic:** Ort in der Bretagne (Département Finistère).
la blanchisserie: Wäscherei.

6 **Colombine:** Kolombine (Figur der koketten Zofe in der Commedia dell'arte).

7 **neigeux, euse:** verschneit; schneeig.
la colombe (litt.): Taube; (fig.): unschuldiges Mädchen.

13 **le mitron:** Bäcker-, Konditorlehrling.
forcément (adv.): gezwungenermaßen, notgedrungen.

15 **le croissant:** Halbmond; hier: Croissant, (Butter-)Hörnchen.

17 **le crépuscule:** (Morgen-, Abend-)Dämmerung.

18 **s'apprêter:** sich anschicken, fertig machen.

Mais Colombine évitait Pierrot, et le pauvre mitron se rongeait de chagrin. Pourquoi Colombine évitait-elle Pierrot? Parce que son ancien ami évoquait pour elle toutes sortes de choses déplaisantes. Colombine n'aimait que le soleil, les oiseaux et les fleurs. Elle ne s'épanouissait qu'en été, à la chaleur. Or le mitron, nous l'avons dit, vivait surtout la nuit, et pour Colombine, la nuit n'était qu'une obscurité peuplée de bêtes effrayantes comme les loups ou les chauves-souris. Elle préférait alors fermer sa porte et ses volets, et se pelotonner sous sa couette pour dormir. Et ce n'était pas tout, car la vie de Pierrot se creusait de deux autres obscurités encore plus inquiétantes, celle de sa cave et celle de son four. Qui sait s'il n'y avait pas des rats dans sa cave? Et ne dit-on pas: «noir comme un four»?

Il faut avouer d'ailleurs que Pierrot avait le physique de son emploi. Peut-être parce qu'il travaillait la nuit et dormait le jour, il avait un visage rond et pâle qui le faisait ressembler à la lune quand elle est pleine. Ses grands yeux attentifs et étonnés lui donnaient l'air d'une chouette, comme aussi ses vêtements amples,

1 **éviter:** (ver)meiden, aus dem Weg gehen.
1f. **se ronger de chagrin** (*m.*): sich verzehren, vor Kummer vergehen.
3 **évoquer:** wachrufen, hervorrufen.
4 **déplaisant, e:** mißliebig, unangenehm.
5 **s'épanouir** (fig.): aufblühen, sich entfalten.
8 **une obscurité:** Dunkelheit, Finsternis.
peuplé, e: bevölkert, bewohnt.
9 **la chauve-souris:** Fledermaus.
10 **le volet:** (Fenster-)Laden.
se pelotonner: sich zusammenkauern, zusammenrollen, kuscheln.
la couette: Federbett.
12 **se creuser:** sich auftun.
16 **le physique:** hier: Körperbau, Gestalt, (äußere) Erscheinung.
21 **la chouette:** Eule.

flottants et tout blancs de farine. Comme la lune, comme la chouette, Pierrot était timide, silencieux, fidèle et secret. Il préférait l'hiver à l'été, la solitude à la société, et plutôt que de parler – ce qui lui coûtait et dont il s'acquittait mal – il aimait mieux écrire, ce qu'il faisait à la chandelle, avec une immense plume, adressant à Colombine de longues lettres qu'il ne lui envoyait pas, persuadé qu'elle ne les lirait pas.

Qu'écrivait Pierrot dans ses lettres? Il s'efforçait de détromper Colombine. Il lui expliquait que la nuit n'était pas ce qu'elle croyait.

Pierrot connaît la nuit. Il sait que ce n'est pas un trou noir, pas plus que sa cave ni son four. La nuit, la rivière chante plus haut et plus clair, et elle scintille de mille et mille écailles d'argent. Le feuillage que les grands arbres secouent sur le ciel sombre est tout pétillant d'étoiles. Les souffles de la nuit sentent plus profondément l'odeur de la mer, de la forêt et de la montagne que les souffles du jour imprégnés par le travail des hommes.

Pierrot connaît la lune. Il sait la regarder. Il sait voir que

1 **flotter:** flattern, wehen; weit sein.
2 **timide:** schüchtern, zaghaft.
5 **s'acquitter de qc:** einer Sache nachkommen, eine Pflicht erfüllen.
6 **la chandelle:** (Talg-)Kerze.
8 **persuader:** überzeugen.
10 **détromper qn:** jdn. von einer falschen Meinung abbringen, eines Besseren belehren.
14 **scintiller:** glitzern, flimmern, funkeln.
15 **une écaille:** Schuppe.
le feuillage: Blattwerk, Laub.
16 **secouer:** schütteln.
pétillant, e: prickelnd, spritzig; hier: funkelnd.
17 **profondément** (adv.): tief, gründlich.
18 **le souffle:** (Wind-)Hauch.
19 **imprégner:** (durch)tränken, durchsetzen; (fig.): erfüllen.

ce n'est pas un disque blanc et plat comme une assiette. Il la regarde avec assez d'attention et d'amitié pour voir à l'œil nu qu'elle possède un relief, qu'il s'agit en vérité d'une boule – comme une pomme, comme une citrouille – et qu'en outre elle n'est pas lisse, mais bien sculptée, modelée, vallonnée – comme un paysage avec ses collines et ses vallées, comme un visage avec ses rides et ses sourires.

Oui, tout cela Pierrot le sait, parce que sa pâte, après qu'il l'a longuement pétrie et secrètement fécondée avec le levain, a besoin de deux heures pour se reposer et lever. Alors il sort de son fournil. Tout le monde dort. Il est la conscience claire du village. Il en parcourt les rues et les ruelles, ses grands yeux ronds largement ouverts sur le sommeil des autres, ces hommes, ces femmes, ces enfants qui ne s'éveilleront que pour manger les croissants chauds qu'il leur aura préparés. Il passe sous les fenêtres closes de Colombine. Il devient le veilleur du

3 **le relief:** (Boden-)Erhebung; (räumliche) Tiefe.
4 **la citrouille:** Kürbis.
5 **en outre:** außerdem; darüber hinaus.
lisse: glatt, eben.
sculpter: schnitzen, bearbeiten, Form geben.
6 **modeler:** formen, gestalten.
vallonné, e: hügelig, gewellt.
7 **la ride:** Runzel, Falte.
10 **pétrir:** kneten.
féconder: fruchtbar machen, anreichern.
11 **le levain:** Hefe.
12 **lever:** keimen; (auf)gehen.
le fournil: Backstube.
13 **la conscience claire:** hier: das wache Bewußtsein.
14 **la ruelle:** Gasse, Gäßchen.
16 **s'éveiller:** wach werden, aufwachen.
18 **clos, e:** verschlossen.
le veilleur: (Nacht-)Wächter.

village, le gardien de Colombine. Il imagine la jeune fille soupirant et rêvant dans la moite blancheur de son grand lit, et lorsqu'il lève sa face pâle vers la lune, il se demande si cette douce rondeur qui flotte au-dessus des arbres dans un voile de brume est celle d'une joue, d'un sein ou mieux encore d'une fesse.

Sans doute les choses auraient-elles pu durer encore longtemps de la sorte, si un beau matin d'été, tout enluminé de fleurs et d'oiseaux, un drôle de véhicule tiré par un homme n'avait fait son entrée dans le village. Cela tenait de la roulotte et de la baraque de foire, car d'une part il était évident qu'on y pouvait s'abriter et dormir, et d'autre part cela brillait de couleurs vives, et des rideaux richement peints flottaient comme des bannières tout autour de l'habitacle. Une enseigne vernie couronnait le véhicule:

1 **le gardien:** Hüter, Beschützer.
2 **soupirer:** seufzen.
moite: (etwas) feucht, klamm.
la blancheur: Weiß(e).
4 **la rondeur:** runde Form, (Körper-)Rundung.
6 **la fesse:** Hinterbacke.
8 **de la sorte:** so, auf diese Weise.
8f. **enluminer:** (bunt) ausmalen, ausschmücken.
9 **un, e drôle de qc** (fam.): seltsam, auffallend.
11 **tenir de qc:** einer Sache ähneln, wie etwas aussehen.
la roulotte: Plan-, Zigeunerwagen.
la foire: Messe; (Jahr-)Markt, Volksfest.
12 **s'abriter:** sich unterstellen, Unterschlupf finden.
14 **richement** (adv.): hier: sehr bunt, farbenfroh.
la bannière: Banner, Fahne.
15 **un habitacle:** Kabine, Führerraum; (litt.): Bleibe.
une enseigne: (Laden-)Schild.
verni, e: lackiert.
couronner: krönen.

ARLEQUIN

Peintre en bâtiment

L'homme vif, souple, aux joues vermeilles, aux cheveux roux et frisés, était vêtu d'une sorte de collant composé d'une mosaïque de petits losanges bariolés. Il y avait là toutes les couleurs de l'arc-en-ciel, plus quelques autres encore, mais aucun losange n'était blanc ni noir. Il arrêta son chariot devant la boulangerie de Pierrot, et examina avec une moue de réprobation sa façade nue et triste qui ne portait que ces deux mots:

PIERROT BOULANGER

Il se frotta les mains d'un air décidé et entreprit de frapper à la porte. C'était le plein du jour, nous l'avons dit, et Pierrot dormait à poings fermés. Arlequin dut tambouriner longtemps avant que la porte s'ouvrît sur un Pierrot

1 **Arlequin:** Harlekin, Hanswurst (Figur der Commedia dell'arte).
2 **le peintre en bâtiment:** Anstreicher.
3 **vermeil, le:** (hoch)rot.
4 **frisé, e:** gekräuselt, gelockt.
le collant: enganliegende, hautenge Kleidung; Strumpfhose.
5 **le losange:** Raute.
bariolé, e: (kunter)bunt.
6 **un arc-en-ciel:** Regenbogen.
8 **le chariot:** Wagen, Karren.
9 **la moue:** Grimasse, unzufriedenes Gesicht.
la réprobation: Tadel, Mißbilligung.
la façade: Fassade, Vorderseite; (Haus-)Wand.
12 **d'un air décidé:** mit Entschlossenheit.
13 **le plein du jour:** mitten am Tag.
14 **dormir à poings fermés:** tief schlafen.
14f. **tambouriner:** mit den Fingern trommeln; hier: anklopfen.

plus pâle que jamais et titubant de fatigue. Pauvre Pierrot! On aurait vraiment dit une chouette, tout blanc, ébouriffé, ahuri, les yeux clignotant à la lumière impitoyable de midi. Aussi, avant même qu'Arlequin ait pu ouvrir la bouche, un grand rire éclata derrière lui. C'était Colombine qui observait la scène de sa fenêtre, un gros fer à repasser à la main. Arlequin se retourna, l'aperçut et éclata de rire à son tour, et Pierrot se trouva seul et triste dans sa défroque lunaire en face de ces deux enfants du soleil que rapprochait leur commune gaieté. Alors il se fâcha, et, le cœur blessé de jalousie, il referma brutalement la porte au nez d'Arlequin, puis il alla se recoucher, mais il est peu probable qu'il retrouva si vite le sommeil.
Arlequin, lui, se dirige vers la blanchisserie où Colombine a disparu. Il la cherche. Elle reparaît, mais à une autre fenêtre, disparaît encore avant qu'Arlequin ait eu le temps d'approcher. On dirait qu'elle joue à cache-cache avec lui. Finalement la porte s'ouvre, et Colombine sort en portant une vaste corbeille de linge propre. Suivie par Arlequin, elle se dirige vers son jardin et commence à étendre son linge sur des cordes pour qu'il

1 **titubant, e:** taumelnd, schwankend.
3 **ébouriffé, e:** zerzaust, struppig.
ahuri, e: verwirrt, verdutzt; völlig sprachlos.
clignoter: blinzeln.
3 f. **impitoyable:** unbarmherzig, unerbittlich, schonungslos.
7 **le fer à repasser:** Bügeleisen.
8 **éclater de rire:** schallend lachen.
9 **la defroque:** abgetragene Kleidung, Klamotten.
lunaire: wie vom Mond.
10 **la gaieté:** Fröhlichkeit, Ausgelassenheit.
11 **se fâcher:** sich ärgern, zornig werden.
18 f. **le cache-cache:** (Versteck)Spiel.
20 **la corbeille:** (henkelloser) Korb.

sèche. Il s'agit de linge blanc exclusivement. Blanc comme le costume de Colombine. Blanc comme celui de Pierrot. Mais ce linge blanc, elle l'expose non pas à la lune, mais au soleil, ce soleil qui fait briller toutes les couleurs, celles notamment du costume d'Arlequin. Arlequin le beau parleur fait des discours à Colombine. Colombine lui répond. Que se disent-ils? Ils parlent chiffons. Colombine chiffons blancs. Arlequin chiffons de couleur. Pour la blanchisseuse, le blanc va de soi. Arlequin s'efforce de lui mettre couleurs en tête. Il y réussit un peu d'ailleurs. C'est depuis cette rencontre fameuse de Pouldreuzic qu'on voit le marché de blanc envahi par des serviettes mauves, des taies d'oreiller bleues, des nappes vertes et des draps roses.

Après avoir étendu son linge au soleil, Colombine revient à la blanchisserie. Arlequin qui porte la corbeille vide lui propose de repeindre la façade de sa maison. Colombine accepte. Aussitôt Arlequin se met au travail. Il démonte sa roulotte, et, avec les pièces et les morceaux, il édifie un échafaudage sur le devant de la blan-

1 **exclusivement** (adv.): ausschließlich, nur.
5 **notamment** (adv.): besonders, vor allem.
6 **le beau parleur:** Schönredner, Schwätzer.
7 f. **parler chiffons** (fam.): von der Mode reden; tratschen (*le chiffon:* Lumpen, Lappen).
9 **aller de soi:** sich von selbst verstehen.
11 **la rencontre:** Zusammentreffen, Begegnung.
fameux, se: hier: denkwürdig.
12 **envahir:** eindringen, überfallen; (fig.): sich bemächtigen, überschwemmen.
13 **mauve:** blaßlila (*la mauve:* Malve).
la taie: (Kopfkissen-)Bezug.
19 **démonter:** abbauen, auseinandernehmen.
20 **édifier:** errichten, aufstellen.
un échafaudage: (Bau-)Gerüst.

chisserie. C'est comme si la roulotte démontée prenait possession de la maison de Colombine. Arlequin se juche prestement sur son échafaudage. Avec son collant multicolore et sa crête de cheveux rouges, il ressemble à un oiseau exotique sur son perchoir. Et comme pour accentuer la ressemblance, il chante et il siffle avec entrain. De temps en temps, la tête de Colombine sort d'une fenêtre, et ils échangent des plaisanteries, des sourires et des chansons.

Très vite le travail d'Arlequin prend figure. La façade blanche de la maison disparaît sous une palette multicolore. Il y a là toutes les couleurs de l'arc-en-ciel plus quelques autres, mais ni noir, ni blanc, ni gris. Mais il y a surtout deux inventions d'Arlequin qui prouveraient, s'il en était besoin, qu'il est vraiment le plus entreprenant et le plus effronté de tous les peintres en bâtiment. D'abord il a figuré sur le mur une Colombine grandeur nature portant sur sa tête sa corbeille de linge. Mais ce n'est pas tout. Cette Colombine, au lieu de la représenter dans ses

1 f. **prendre possession de qc:** von etwas Besitz ergreifen, etwas vereinnahmen.
3 **se jucher:** sich (in der Höhe) niederlassen, setzen (Vögel).
prestement (adv.): flink, behend; geschickt.
4 **multicolore:** vielfarbig, bunt.
la crête: (Hahnen-)Kamm, Haube.
5 **le perchoir:** (Vogel-)Stange.
6 **accentuer:** betonen, unterstreichen.
7 **un entrain:** Schwung, Begeisterung.
8 **la plaisanterie:** Spaß, Scherz.
10 **prendre figure:** Form annehmen.
11 **la palette:** (Farben-)Palette.
15 **s'il en était besoin:** wenn es das noch bräuchte, wenn es nötig wäre.
entreprenant, e: unternehmenslustig, kühn, verwegen.
16 **effronté, e:** dreist, unverschämt; schamlos.

vêtements blancs habituels, Arlequin lui a fait une robe de petits losanges multicolores, tout pareils à ceux de son propre collant. Et il y a encore autre chose. Certes il a repeint en lettres noires sur fond blanc le mot BLANCHISSERIE, mais il a ajouté à la suite en lettres de toutes les couleurs: TEINTURERIE! Il a travaillé si vite que tout est terminé quand le soleil se couche, bien que la peinture soit encore loin d'être sèche.

Le soleil se couche et Pierrot se lève. On voit le soupirail de la boulangerie s'allumer et rougeoyer de chauds reflets. Une lune énorme flotte comme un ballon laiteux dans le ciel phosphorescent. Bientôt Pierrot sort de son fournil. Il ne voit d'abord que la lune. Il en est tout rempli de bonheur. Il court vers elle avec de grands gestes d'adoration. Il lui sourit, et la lune lui rend son sourire. En vérité ils sont comme frère et sœur, avec leur visage rond et leurs vêtements vaporeux. Mais à force de danser et de tourner, Pierrot se prend les pieds dans les pots de peinture qui jonchent le sol. Il se heurte à l'échafaudage dressé sur la maison de Colombine. Le choc l'arrache à

1 **habituel, le:** gewöhnlich, üblich.
3 **certes** (adv.): gewiß, sicher.
6 **la teinturerie:** Färberei; Reinigung.
9 **le soupirail:** Kellerfenster, Lichtschacht.
10 **rougeoyer:** rötlich schimmern, aufglühen.
11 **le reflet:** Widerschein, Lichtschimmer.
laiteux, se: milchig, milchweiß.
12 **phosphorescent, e:** phosphoreszierend, nachleuchtend.
15 **une adoration:** Anbetung, Verehrung.
17 **vaporeux, se:** dunstig, verschwommen; zart, fein.
18 **se prendre dans qc:** an etwas hängenbleiben, sich verfangen.
19 **joncher le sol:** auf dem Boden umherliegen, verstreut stehen.
se heurter à qc: gegen etwas stoßen, anprallen.
20 **le choc:** Zusammenstoß, Aufprall.

son rêve. Que se passe-t-il? Qu'est-il arrivé à la blanchisserie? Pierrot ne reconnaît plus cette façade bariolée, ni surtout cette Colombine en costume d'Arlequin. Et ce mot barbare accolé au mot blanchisserie: TEINTURERIE! Pierrot ne danse plus, il est frappé de stupeur. La lune dans le ciel grimace de douleur. Ainsi donc Colombine s'est laissé séduire par les couleurs d'Arlequin! Elle s'habille désormais comme lui, et au lieu de savonner et de repasser du linge blanc et frais, elle va faire mariner dans des cuves de couleurs chimiques nauséabondes et salissantes des frusques défraîchies!

Pierrot s'approche de l'échafaudage. Il le palpe avec dégoût. Là-haut une fenêtre brille. C'est terrible un échafaudage, parce que ça permet de regarder par les fenêtres des étages ce qui se passe dans les chambres! Pierrot grimpe sur une planche, puis sur une autre. Il s'avance vers la fenêtre allumée. Il y jette un coup d'œil. Qu'a-t-il vu? Nous ne le saurons jamais! Il fait un bond en arrière. Il a oublié qu'il était perché à trois mètres du

4 **barbare:** barbarisch, grausam; grob, ungeschliffen.
accoler: anhängen, anfügen.
5 **la stupeur:** Erstarrung, Verblüffung, Sprachlosigkeit.
6 **grimacer:** Grimassen schneiden, eine Fratze machen.
7 **séduire:** verführen; hinreißen, betören.
8 **savonner:** mit Seife waschen, einseifen.
9 **repasser:** hier: bügeln.
mariner: marinieren, pökeln; einlegen, einweichen.
10 **la cuve:** (Wasch-)Zuber, Bottich, Wanne.
nauséabond, e: Übelkeit erregend, ekelhaft, widerlich.
11 **les frusques** (*f.*; pop.): alte Kleider, Klamotten.
défraîchi, e: verblaßt; abgenutzt, abgetragen.
12 **palper:** befühlen, abtasten.
13 **le dégoût:** Widerwille, Abscheu.
16 **grimper:** klettern.
18 **un bond:** Sprung, Satz.
19 **être perché, e:** (wie ein Vogel auf einem Zweig) sitzen.

sol sur un échafaudage. Il tombe. Quelle chute! Est-il mort? Non. Il se relève péniblement. En boitant, il rentre dans la boulangerie. Il allume une chandelle, il trempe sa grande plume dans l'encrier. Il écrit une lettre à Colombine. Une lettre? Non, seulement un bref message. Il ressort, son enveloppe à la main. Toujours boitant, il hésite et cherche un moment, puis il prend le parti d'accrocher son message à l'un des montants de l'échafaudage. Puis il rentre. Le soupirail s'éteint. Un gros nuage vient masquer la face triste de la lune.

Un nouveau jour commence sous un soleil glorieux. Arlequin et Colombine bondissent hors de la blanchisserie-teinturerie en se tenant par la main. Colombine n'a plus sa robe blanche habituelle. Elle a une robe faite de petits losanges de couleur, de toutes les couleurs, mais sans noir, ni blanc. Elle est vêtue comme la Colombine peinte par Arlequin sur la façade de la maison. Elle est devenue une Arlequine. Comme ils sont heureux! Ils dansent ensemble autour de la maison. Puis Arlequin, toujours dansant, se livre à un curieux travail. Il démonte l'échafaudage dressé contre la maison de Colombine. Et, en même temps, il remonte son drôle de

1 **la chute:** Fall, Sturz.
2 **péniblement** (adv.): mühsam.
4 **tremper:** einweichen, durchtränken; eintauchen.
un encrier: Tintenfaß.
5f. **le message:** Mitteilung, Botschaft.
6 **ressortir:** wieder hinausgehen.
8 **le montant:** Pfosten, Strebe.
10 **masquer:** verdecken, dem Blick entziehen.
11 **glorieux, se:** ruhmvoll, glorreich; glanzvoll, strahlend.
12 **bondir:** hüpfen, springen.
20 **se livrer à qc:** sich einer Sache hingeben, widmen.
22 **remonter:** hier: wieder zusammensetzen.

véhicule. La roulotte reprend forme. Colombine l'essaie. Arlequin a l'air de considérer que leur départ va de soi. C'est que le peintre est un vrai nomade. Il vit sur son échafaudage comme l'oiseau sur la branche. Il n'est pas question pour lui de s'attarder. D'ailleurs, il n'a plus rien à faire à Pouldreuzic, et la campagne brille de tous ses charmes.

Colombine paraît d'accord pour s'en aller. Elle porte dans la roulotte un léger baluchon. Elle ferme les volets de la maison. La voilà avec Arlequin dans la roulotte. Ils vont partir. Pas encore. Arlequin descend. Il a oublié quelque chose. Une pancarte qu'il peint à grands gestes, puis qu'il accroche à la porte de la maison:

fermée pour cause de voyage de noces

Cette fois, ils peuvent partir. Arlequin s'attelle à la roulotte, et la tire sur la route. Bientôt la campagne les entoure et leur fait fête. Il y a tant de fleurs et de papillons qu'on dirait que le paysage a mis un costume d'Arlequin!

La nuit tombe sur le village. Pierrot se hasarde hors de la boulangerie. Toujours boitant, il s'approche de la maison de Colombine. Tout est fermé. Soudain il avise la

2 **considérer que:** der Auffassung sein, daß; glauben, meinen.
4f. **il n'est pas question:** es kommt nicht in Frage.
5 **s'attarder:** sich verspäten; (fig.): zurückbleiben, verweilen.
9 **le baluchon** (fam.): Bündel.
12 **la pancarte:** Plakat, Anschlag, Schild.
14 **le voyage de noces** (*f.*): Hochzeitsreise.
15 **atteler:** einspannen, anschirren.
17 **faire fête à qn:** jdn. freudig empfangen.
20 **se hasarder:** sich einer Gefahr aussetzen, (heraus)wagen.
22 **aviser:** erblicken, bemerken.

pancarte. Elle est tellement affreuse, cette pancarte, qu'il n'arrive pas à la lire. Il se frotte les yeux. Il faut bien pourtant qu'il se rende à l'évidence. Alors, toujours clopin-clopant, il regagne son fournil. Il en ressort bientôt. Lui aussi a sa pancarte. Il l'accroche à sa porte avant de la refermer brutalement. On peut y lire:

fermée pour cause de chagrin d'amour

Les jours passent. L'été s'achève. Arlequin et Colombine continuent à parcourir le pays. Mais leur bonheur n'est plus le même. De plus en plus souvent maintenant, c'est Colombine qui traîne la roulotte tandis qu'Arlequin s'y repose. Puis le temps se gâte. Les premières pluies d'automne crépitent sur leur tête. Leurs beaux costumes bariolés commencent à déteindre. Les arbres deviennent roux, puis perdent leurs feuilles. Ils traversent des forêts de bois mort, des champs labourés bruns et noirs.

Et un matin, c'est le coup de théâtre! Toute la nuit le ciel s'est empli de flocons voltigeants. Quand le jour se lève,

1 **tellement** (adv.): so (sehr), dermaßen.
3 **se rendre à l'évidence:** sich überzeugen lassen, der Wahrheit ins Auge sehen (*une évidence:* Augenscheinlichkeit, Gewißheit).
3f. **clopin-clopant** (adv.; fam.): humpelnd, hinkend.
9 **parcourir:** durchziehen, durchfahren.
12 **se gâter:** sich verschlechtern.
13 **crépiter:** knistern, prasseln.
14 **déteindre:** Farbe verlieren, verblassen.
16 **labourer:** pflügen, umgraben.
17 **le coup de théâtre** (fig.): Knalleffekt, überraschende Wendung.
18 **s'emplir:** sich anfüllen; erfüllt sein.
le flocon: Flocke.
voltiger: umherfliegen, flattern, durcheinanderwirbeln.

la neige recouvre toute la campagne, la route, et même la roulotte. C'est le grand triomphe du blanc, le triomphe de Pierrot. Et comme pour couronner cette revanche du mitron, ce soir-là une lune énorme et argentée flotte au-dessus du paysage glacé.

Colombine pense de plus en plus souvent à Pouldreuzic, et aussi à Pierrot, surtout quand elle regarde la lune. Un jour un petit papier s'est trouvé dans sa main, elle ne sait pas comment. Elle se demande si le mitron est passé par là récemment pour déposer ce message. En réalité il l'a écrit pour elle et attaché à l'un des montants de l'échafaudage devenu l'une des pièces de la roulotte. Elle lit:

Colombine!

Ne m'abandonne pas! Ne te laisse pas séduire par les couleurs chimiques et superficielles d'Arlequin! Ce sont des couleurs toxiques, malodorantes et qui s'écaillent. Mais moi aussi j'ai mes couleurs. Seulement ce sont des couleurs vraies et profondes.

Écoute bien ces merveilleux secrets:
Ma nuit n'est pas noire, elle est bleue! Et c'est un bleu qu'on respire.
Mon four n'est pas noir, il est doré! Et c'est un or qui se mange.

2 **le triomphe:** Triumph, Sieg.
4 **argenté, e** (litt.): silbrig, silbern.
15 **superficiel, le:** oberflächlich.
16 **toxique:** giftig.
malodorant, e: übelriechend.
s'écailler: abbröckeln, abblättern.
22 **doré, e:** golden, goldglänzend.

La couleur que je fais réjouit l'œil, mais en outre elle est épaisse, substantielle, elle sent bon, elle est chaude, elle nourrit.

Je t'aime et je t'attends,

Pierrot

Une nuit bleue, un four doré, des couleurs vraies qui se respirent et qui nourrissent, c'était donc cela le secret de Pierrot? Dans ce paysage glacé qui ressemble au costume du mitron, Colombine réfléchit et hésite. Arlequin dort au fond de la roulotte sans penser à elle. Tout à l'heure, il va falloir remettre la bricole qui lui meurtrit l'épaule et la poitrine pour tirer le véhicule sur la route gelée. Pourquoi? Si elle veut retourner chez elle, qu'est-ce qui la retient auprès d'Arlequin puisque les belles couleurs ensoleillées qui l'avaient séduite sont fanées? Elle saute hors du véhicule. Elle rassemble son baluchon, et la voilà partie d'un pied léger en direction de son village.
Elle marche, marche, marche, la petite Colombine-Arlequine dont la robe a perdu ses brillantes couleurs sans être redevenue blanche pour autant. Elle fuit dans la neige qui fait un doux frou-frou froissé sous ses pieds et frôle ses oreilles: fuite-frou-fuite-frou-fuite-frou . . .

1 **réjouir:** erfreuen, wohltun.
2 **substantiel, le** (fig.): gehaltvoll, wahrhaft.
11 **la bricole:** Zugriemen.
meurtrir: quetschen; wund reiben, wund scheuern.
15 **ensoleillé, e:** sonnig; (fig.): heiter, strahlend.
se faner: welken, verblühen; verblassen, die Farbe verlieren.
20 **pour autant** (adv.): dafür, deshalb.
21 **le frou-frou:** Knistern, Rascheln; Knirschen.
froisser: zerknittern, zusammenknüllen; hier: zertreten.
22 **frôler:** leicht berühren, streifen.
la fuite: Flucht.

Bientôt elle voit dans sa tête une quantité de mots en F qui se rassemblent en une sombre armée, des mots méchants: froid, fer, faim, folie, fantôme, faiblesse. Elle va tomber par terre, la pauvre Colombine, mais heureusement un essaim de mots en F également, des mots fraternels, vient à son secours, comme envoyés par Pierrot: fumée, force, fleur, feu, farine, fournil, flambée, festin, féerie . . .
Enfin elle arrive au village. C'est la pleine nuit. Tout dort sous la neige. Neige blanche? Nuit noire? Non. Parce qu'elle s'est rapprochée de Pierrot, Colombine a maintenant des yeux pour voir: bleue est la nuit, bleue est la neige, c'est évident! Mais il ne s'agit pas du bleu de Prusse criard et toxique dont Arlequin possède tout un pot. C'est le bleu lumineux, vivant des lacs, des glaciers et du ciel, un bleu qui sent bon et que Colombine respire à pleins poumons.

Voici la fontaine prisonnière du gel, la vieille église, et voici les deux petites maisons qui se font face, la blanchisserie de Colombine et la boulangerie de Pierrot. La blan-

3 **le fantôme:** Phantom, Gespenst.
la faiblesse: Schwäche.
5 **un essaim:** (Bienen-)Schwarm.
7 **la flambée:** hell aufloderndes Feuer.
8 **le festin:** Festessen, Schmaus.
la féerie: Feenwelt; Zauberkunst.
13 f. **le bleu de Prusse:** Preußischblau.
14 **criard, e:** grell, auffallend.
15 **lumineux, se:** leuchtend, strahlend.
le glacier: Gletscher.
16 f. **respirer à pleins poumons:** tief einatmen (*le poumon:* Lunge).
18 **le gel:** Frost; Gefrieren.
19 **se faire face:** sich gegenüberstehen.

chisserie est éteinte et comme morte, mais la boulangerie donne des signes de vie. La cheminée fume et le soupirail du fournil jette sur la neige du trottoir une lueur tremblante et dorée. Certes Pierrot n'a pas menti quand il a écrit que son four n'était pas noir mais d'or!

Colombine s'arrête interdite devant le soupirail. Elle voudrait s'accroupir devant cette bouche de lumière qui souffle jusque sous sa robe de la chaleur et une enivrante odeur de pain, pourtant elle n'ose pas. Mais tout à coup la porte s'ouvre, et Pierrot apparaît. Est-ce le hasard? A-t-il pressenti la venue de son amie? Ou simplement a-t-il aperçu ses pieds par le soupirail? Il lui tend les bras, mais au moment où elle va s'y jeter, pris de peur, il s'efface et l'entraîne dans son fournil. Colombine a l'impression de descendre dans un bain de tendresse. Comme on est bien! Les portes du four sont fermées, pourtant la flamme est si vive à l'intérieur qu'elle suinte par toutes sortes de trous et de fentes.

Pierrot, tapi dans un coin, boit de tous ses yeux ronds cette apparition fantastique: Colombine dans son fournil! Colombine, hypnotisée par le feu, le regarde du coin de l'œil et trouve que décidément il fait très oiseau de

3 **la lueur:** Lichtschein, Schimmer.
6 **interdit, e** (fig.): sprachlos, verblüfft.
7 **s'accroupir:** sich niederhocken, sich hinkauern.
8 **enivrant, e:** berauschend, betörend.
11 **pressentir:** erahnen, voraussehen.
la venue: Ankunft.
13 **pris, e de peur:** von Furcht ergriffen, erschrocken.
17 **suinter:** durchsickern; durchdringen.
19 **se tapir:** sich ducken, kauern.
20 **une apparition:** Auftreten, Erscheinung; Spuk.
fantastique: phantastisch, gespenstisch, übernatürlich.
21 f. **regarder du coin de l'œil:** von der Seite, verstohlen ansehen.
22 **décidément** (adv.): entschieden, wahrhaftig.

nuit, ce bon Pierrot enfoncé dans l'ombre avec les grands plis blancs de sa blouse et son visage lunaire. Il faudrait qu'il lui dise quelque chose, mais il ne peut pas, les mots lui restent dans la gorge.
Le temps passe. Pierrot baisse les yeux vers son pétrin où dort la grande miche de pâte blonde. Blonde et tendre comme Colombine ... Depuis deux heures que la pâte dort dans le pétrin de bois, le levain a fait son œuvre vivante. Le four est chaud, il va être l'heure d'enfourner la pâte. Pierrot regarde Colombine. Que fait Colombine? Epuisée par la longue route qu'elle a parcourue, bercée par la douce chaleur du fournil, elle s'est endormie sur le coffre à farine dans une pose de délicieux abandon. Pierrot a les larmes aux yeux d'attendrissement devant son amie venue se réfugier chez lui pour fuir les rigueurs de l'hiver et un amour mort.
Arlequin avait fait le portrait peint de Colombine-Arlequine en costume bariolé sur le mur de la blanchisserie. Pierrot a une idée. Il va sculpter une Colombine-Pierrette à sa manière dans sa pâte à brioche. Il se met au

1 **s'enfoncer:** sich senken, einsinken, vertiefen.
2 **le pli:** Falte (Stoff, Papier).
la blouse: Jacke, Kittel; (weite) Bluse.
5 **le pétrin:** Backtrog.
6 **la miche:** (Brot-)Laib.
9 **enfourner:** in den Ofen schieben.
11 **épuisé, e:** erschöpft.
12 **bercer:** wiegen, schaukeln; einschläfern.
13 **le coffre:** Kasten, Truhe.
la pose: Haltung, Stellung.
délicieux, se: köstlich.
14 **un abandon:** hier: Hingabe, Sichgehenlassen, Natürlichkeit.
un attendrissement: Rührung, Mitgefühl.
16 **la rigueur:** Strenge, Härte; Unerbittlichkeit, Rauheit.
20 **la brioche:** kleiner Kuchen.

travail. Ses yeux vont sans cesse de la jeune fille endormie à la miche couchée dans le pétrin. Ses mains aimeraient caresser l'endormie, bien sûr, mais fabriquer une Colombine de pâte, c'est presque aussi plaisant. Quand il pense avoir terminé son œuvre, il la compare avec son modèle vivant. Évidemment la Colombine de pâte est un peu blême! Vite, au four!

Le feu ronfle. Il y a maintenant deux Colombine dans le fournil de Pierrot. C'est alors que des coups timides frappés à la porte réveillent la vraie Colombine. Qui est là? Pour toute réponse, une voix s'élève, une voix rendue faible et triste par la nuit et le froid. Mais Pierrot et Colombine reconnaissent la voix d'Arlequin, le chanteur sur tréteaux, bien qu'elle n'ait plus – tant s'en faut! – ses accents triomphants de l'été. Que chante-t-il, l'Arlequin transi? Il chante une chanson devenue célèbre depuis, mais dont les paroles ne peuvent se comprendre que si l'on connaît l'histoire que nous venons de raconter:

Au clair de la lune,
Mon ami Pierrot!
Prête-moi ta plume
Pour écrire un mot.

3 **caresser:** streicheln, liebkosen.
4 **plaisant, e:** lustig, kurzweilig, angenehm.
7 **blême:** bleich, blaß.
8 **ronfler:** schnarchen; hier: knistern, prasseln.
14 **les tréteaux** (vx.): Bühne(nbretter), Wandertheater (*le tréteau:* Untergestell, Bock).
tant s'en faut: weit davon entfernt, ganz im Gegenteil.
15 **triomphant, e:** triumphierend, frohlockend.
16 **transi, e:** steif vor Kälte, erstarrt.
19 **le clair:** Helle, Schein.

Ma chandelle est morte,
Je n'ai plus de feu.
Ouvre-moi ta porte,
Pour l'amour de Dieu!

C'est que le pauvre Arlequin avait retrouvé au milieu de ses pots de peinture le message abandonné par Colombine grâce auquel Pierrot avait convaincu la jeune fille de revenir à lui. Ainsi ce beau parleur avait mesuré le pouvoir que possèdent parfois ceux qui écrivent, et aussi ceux qui possèdent un four en hiver. Et naïvement il demandait à Pierrot de lui prêter sa plume et son feu. Croyait-il vraiment avoir des chances de reconquérir ainsi Colombine?

Pierrot a pitié de son rival malheureux. Il lui ouvre sa porte. Un Arlequin piteux et décoloré se précipite vers le four dont les portes continuent de suinter chaleur, couleur et bonne odeur. Comme il fait bon chez Pierrot!

Le mitron est transfiguré par son triomphe. Il fait de grands gestes amplifiés par ses longues manches flottantes. D'un mouvement théâtral, il ouvre les deux portes du four. Un flot de lumière dorée, de chaleur maternelle et de délicieuse odeur de pâtisserie baigne les trois amis. Et maintenant, à l'aide de sa longue pelle de

8 **mesurer** (fig.): abschätzen; ermessen, erfassen.
12 **reconquérir:** zurückerobern, wiedergewinnen.
14 **le rival:** Rivale, Nebenbuhler.
15 **piteux, se:** erbärmlich, jämmerlich.
décoloré, e: farblos, verblaßt.
18 **transfigurer:** verwandeln.
19 **amplifier:** erweitern, vergrößern.
20 **théâtral, e** (fig.): theatralisch, pathetisch.
21 **le flot:** Welle, Woge; Flut.
22 **baigner** (fig.): eintauchen, von allen Seiten umgeben.

bois, Pierrot fait glisser quelque chose hors du four. Quelque chose? Quelqu'un plutôt! Une jeune fille de croûte dorée, fumante et croustillante qui ressemble à Colombine comme une sœur. Ce n'est plus la Colombine-Arlequine plate et bariolée de couleurs chimiques peinte sur la façade de la blanchisserie, c'est une Colombine-Pierrette, modelée en pleine brioche avec tous les reliefs de la vie, ses joues rondes, sa poitrine pigeonnante et ses belles petites fesses pommées.

Colombine a pris Colombine dans ses bras au risque de se brûler.

«Comme je suis belle, comme je sens bon!» dit-elle.

Pierrot et Arlequin observent fascinés cette scène extraordinaire. Colombine étend Colombine sur la table, elle écarte des deux mains avec une douceur gourmande les seins briochés de Colombine. Elle plonge un nez avide, une langue frétillante dans l'or moelleux du décolleté. Elle dit, la bouche pleine:

«Comme je suis savoureuse! Vous aussi, mes chéris, goûtez, mangez la bonne Colombine! Mangez-moi!»

3 **la croûte:** (Brot-)Kruste.
fumant, e: dampfend.
croustillant, e: knusprig.
7 **en pleine brioche:** ganz und gar aus Kuchen.
8 **la poitrine pigeonnante:** deutlich hervortretender Busen, hohe und runde Brüste.
9 **pommé, e** (fam.): voll, abgerundet.
13 **fasciner:** faszinieren, bezaubern, fesseln.
16 **avide:** gierig.
17 **frétillant, e:** zappelig, lebhaft.
moelleux, se: weich, zart, sanft.
le décolleté: Dekolleté, (Hals-)Ausschnitt.
19 **savoureux, se:** schmackhaft, lecker.
le, la chéri, e: Liebling, Geliebte(r).

Et ils goûtent, ils mangent la chaude Colombine de mie fondante. Ils se regardent. Ils sont heureux. Ils voudraient rire, mais comment faire avec des joues gonflées de brioche?

Barbedor

Il était une fois en Arabie Heureuse, dans la ville de Chamour, un roi qui s'appelait Nabounassar III, et qui était fameux par sa barbe annelée, fluviatile et dorée à laquelle il devait son surnom de Barbedor. Il en prenait le plus grand soin, allant jusqu'à l'enfermer la nuit dans une petite housse de soie dont elle ne sortait le matin que pour être confiée aux mains expertes d'une barbière. Car il faut savoir que si les barbiers sont des manieurs de

1 **la mie:** (Brot-)Krume.
2 **fondant, e:** saftig, auf der Zunge zergehend.
6 **Arabie Heureuse:** Glückliches Arabien (sagenhafter fruchtbarer Landstrich in der Antike: *Arabia Felix*).
8 **annelé, e:** geringelt; gelockt.
fluviatile: Flüsse betreffend; (fig.): fließend.
doré, e: golden, goldglänzend.
9 **le surnom:** Beiname.
11 **la housse:** (Möbel-)Überzug; Schoner.
12 **expert, e:** sachverständig; kundig, geübt.
la barbière (iron.): Friseuse, Bartpflegerin.
13 **le barbier:** Barbier, Bartschneider; Friseur.
le manieur (iron.): Hantierer (manier qc: etwas handhaben, mit etwas umgehen können).

rasoir et des coupeurs de barbes en quatre, les barbières au contraire ne jouent que du peigne, du fer à friser et du vaporisateur, et ne sauraient couper un seul poil à leur client.

Nabounassar Barbedor, qui avait laissé pousser sa barbe dans sa jeunesse sans y prêter attention – et plutôt par négligence que de propos délibéré –, se prit avec les années à attacher à cet appendice de son menton une signification grandissante et presque magique. Il n'était pas éloigné d'en faire le symbole de sa royauté, voire le réceptacle de son pouvoir.

Et il ne se lassait pas de contempler au miroir sa barbe d'or dans laquelle il faisait passer complaisamment ses doigts chargés de bagues.

1 **le rasoir:** Rasiermesser.
le coupeur de barbes en quatre (iron.): Bartschneider (in Anlehnung an die Redewendung *couper les cheveux en quatre:* Haarspalterei treiben).
2 **le fer à friser:** Lockenstab.
3 **le vaporisateur:** (Parfüm-)Zerstäuber.
6 **prêter attention à qc:** auf etwas achtgeben, einer Sache Aufmerksamkeit schenken.
7 **la négligence:** Nachlässigkeit, Gleichgültigkeit.
de propos délibéré: mit Vorbedacht, vorsätzlich, absichtlich.
se prendre à faire qc: anfangen etwas zu tun.
8 **un appendice:** Ansatz(stück), Anhängsel.
9 **grandissant, e:** wachsend, zunehmend.
magique: magisch, voller Wunder.
10 **le symbole:** Symbol, Sinnbild, Zeichen.
la royauté: Königtum, Königswürde.
voire (adv.): (ja) sogar.
11 **le réceptacle:** Sammelpunkt; hier: der Inbegriff.
12 **se lasser:** ermüden, überdrüssig werden.
contempler: betrachten, anschauen.
le miroir: Spiegel.
13 **complaisamment** (adv.): selbstgefällig.
14 **chargé, e:** überladen, überhäuft mit etwas.

Le peuple de Chamour aimait son roi. Mais le règne durait depuis plus d'un demi-siècle. Des réformes urgentes étaient sans cesse ajournées par un gouvernement qui à l'image de son souverain se berçait dans une indolence satisfaite. Le conseil des ministres ne se réunissait plus qu'une fois par mois, et les huissiers entendaient à travers la porte des phrases – toujours les mêmes – séparées par de longs silences:

«Il faudrait faire quelque chose.

– Oui, mais évitons toute précipitation.

– La situation n'est pas mûre.

– Laissons agir le temps.

– Il est urgent d'attendre.»

Et on se séparait en se congratulant, mais sans avoir rien décidé.

L'une des principales occupations du roi, c'était, après le déjeuner – qui était traditionnellement long, lent et lourd –, une sieste profonde qui se prolongeait fort tard dans l'après-midi. Elle avait lieu, il convient de le préciser, en

3 **urgent, e:** dringend, eilig.
sans cesse: unaufhörlich.
ajourner: verschieben, vertagen.
4 **le souverain:** Herrscher, Staatsoberhaupt.
se bercer: sich schaukeln, wiegen; (fig.): dahindämmern.
5 **une indolence:** Gleichgültigkeit, Trägheit.
satisfait, e: befriedigt, zufrieden.
6 **le huissier:** Türsteher; Amtsdiener.
10 **la précipitation:** Überstürzung, Übereilung.
14 **se congratuler** (iron.): sich gegenseitig gratulieren, beglückwünschen.
18 **la sieste:** Siesta, Mittagsschlaf.
se prolonger: sich fortsetzen, weitergehen.
19 **il convient:** es ist angebracht, man muß.
préciser: hinweisen, klarstellen, deutlich machen.

plein air, sur une terrasse ombragée par un entrelacs d'aristoloches.

Or depuis quelques mois, Barbedor ne jouissait plus de la même tranquillité d'âme. Non que les remontrances de ses conseillers ou les murmures de son peuple fussent parvenus à l'ébranler. Non. Son inquiétude avait une source plus haute, plus profonde, plus auguste en un mot: pour la première fois le roi Nabounassar III, en s'admirant dans le miroir que lui tendait sa barbière après sa toilette, avait découvert un poil blanc mêlé au ruissellement doré de sa barbe.

Ce poil blanc le plongea dans des abîmes de méditation. Ainsi, pensait-il, je vieillis. C'était bien sûr prévu, mais enfin désormais le fait est là, aussi irrécusable que ce poil. Que faire? Que ne pas faire? Car si j'ai un poil blanc, en revanche je n'ai pas d'héritier. Marié deux fois, aucune des deux reines qui se sont succédé dans mon lit n'ont été capables de donner un dauphin au royaume. Il faut aviser. Mais évitons toute précipitation. Il me fau-

1 **ombragé, e:** schattig.
un entrelacs: Flechtwerk, Geflecht.
2 **une aristoloche:** Osterluzei (Kletterpflanze).
4 **la tranquillité:** Ruhe, Stille, Frieden.
les remontrances *f.:* Vorhaltungen, Kritik (am König).
6 **ébranler:** erschüttern, ins Wanken bringen.
7 **auguste:** erhaben.
11 **le ruissellement:** Rieseln; Funkeln.
12 **un abîme:** Abgrund, Tiefe.
la méditation: Nachdenken, (tiefe) Andacht.
13 **vieillir:** altern, alt werden.
14 **irrécusable:** unwiderlegbar, unabweisbar.
16 **en revanche** (*f.*): dagegen, andererseits.
un héritier: Erbe.
18 **le dauphin:** Dauphin; (französischer) Kronprinz.
le royaume: (König-)Reich.
19 **aviser:** hier: eine Entscheidung treffen, etwas unternehmen.

drait un héritier, oui, adopter un enfant peut-être. Mais qui me ressemble, qui me ressemble énormément. Moi en plus jeune, en somme, en beaucoup plus jeune. La situation n'est pas mûre. Il faut laisser agir le temps. Il est urgent d'attendre.

Et reprenant sans le savoir les phrases habituelles de ses ministres, il s'endormait en rêvant à un petit Nabounassar IV qui lui ressemblerait comme un petit frère jumeau.

Un jour pourtant il fut arraché soudain à sa sieste par une sensation de piqûre assez vive. Il porta instinctivement la main à son menton, parce que c'était là que la sensation s'était fait sentir. Rien. Le sang ne coulait pas. Il frappa sur un gong. Fit venir sa barbière. Lui commanda d'aller quérir le grand miroir. Il s'examina. Un obscur pressentiment ne l'avait pas trompé: son poil blanc avait disparu. Profitant de son sommeil, une main sacrilège avait osé attenter à l'intégrité de son appendice pileux.

Le poil avait-il été vraiment arraché, ou bien se dissimulait-il dans l'épaisseur de la barbe? La question se posait, car le lendemain matin, alors que la barbière ayant

3 **en somme:** im Grunde, eigentlich, genau genommen.
6 **habituel, le:** gewöhnlich, üblich.
8f. **le frère jumeau:** Zwillingsbruder.
11 **la sensation:** Empfindung; Gefühl.
instinctivement (adv.): instinktiv; unwillkürlich.
15 **aller quérir** (litt.): holen.
15f. **le pressentiment:** Vorgefühl, Ahnung.
17 **sacrilège:** gottlos, frevelhaft.
18 **attenter à qc:** sich an etwas vergreifen, einen Anschlag verüben.
une intégrité: Vollständigkeit, Unversehrtheit; Unbescholtenheit.
pileux, se: haarig.
19 **se dissimuler:** sich verstecken, sich verbergen.
20 **une épaisseur:** Dicke, Dichte.

accompli son office présentait le miroir au roi, il était là, indéniable dans sa blancheur qui tranchait comme un fil d'argent dans une mine de cuivre.
Nabounassar s'abandonna ce jour-là à sa sieste traditionnelle dans un trouble qui mêlait confusément le problème de sa succession et le mystère de sa barbe. Il était bien loin en effet de se douter que ces deux points d'interrogation n'en faisaient qu'un et trouveraient ensemble leur solution . . .
Or donc le roi Nabounassar III s'était à peine assoupi qu'il fut tiré de son sommeil par une vive douleur au menton. Il sursauta, appela à l'aide, fit quérir le miroir: le poil blanc avait derechef disparu!

Le lendemain matin, il était revenu. Mais cette fois, le roi ne se laissa pas abuser par les apparences. On peut même dire qu'il accomplit un grand pas vers la vérité. En effet il ne lui échappa pas que le poil, qui se situait la veille à gauche et en bas de son menton, apparaissait maintenant à droite et en haut – presque à hauteur du nez –, de telle sorte qu'il fallait en conclure, puisqu'il n'existait pas de poil ambulant, qu'il s'agissait d'un *autre* poil blanc

1 **un office:** (Berufs-)Pflicht; Amt, Dienst.
2 **indéniable:** unleugbar; nicht zu übersehen.
trancher: (zer)schneiden, durchtrennen; hier: sich abheben.
4 **s'abandonner à qc** (fig.): sich einer Sache hingeben.
5 **le trouble:** Verwirrung, innere Unruhe.
confusément (adv.): undeutlich, verworren.
6 **la succession:** Erb-, Nachfolge.
10 **s'assoupir:** einschlummern, einnicken.
12 **sursauter:** auffahren, aufschrecken.
13 **derechef** (adv.; litt.): wiederum, erneut.
17 **échapper:** entgehen.
20 **conclure de qc:** aus einer Sache folgern, schließen.
21 **ambulant, e:** umherziehend, wandernd.

survenu au cours de la nuit, tant il est vrai que les poils profitent de l'obscurité pour blanchir.

Ce jour-là, en se préparant à sa sieste, le roi savait ce qui allait arriver: à peine avait-il fermé les yeux qu'il les rouvrait sous l'effet d'une sensation de piqûre à l'endroit de sa joue où il avait repéré le dernier poil blanc. Il ne se fit pas apporter le miroir, persuadé qu'à nouveau on venait de l'épiler.

Mais qui, qui?

La chose se produisait maintenant chaque jour. Le roi se promettait de ne pas s'assoupir sous les aristoloches. Il faisait semblant de dormir, fermait à demi les yeux, laissant filtrer un regard torve entre ses paupières. Mais on ne fait pas semblant de dormir sans risquer de dormir vraiment. Et crac! Quand la douleur arrivait, il dormait profondément, et tout était terminé avant qu'il ouvrît les yeux.

Cependant aucune barbe n'est inépuisable. Chaque nuit, l'un des poils d'or se métamorphosait en poil blanc, lequel était arraché au début de l'après-midi suivant. La barbière n'osait rien dire, mais le roi voyait son visage se

1 **survenir:** plötzlich erscheinen, unvermutet auftauchen.
2 **une obscurité:** Dunkelheit.
4f. **rouvrir:** wieder öffnen, wieder aufmachen.
6 **repérer:** ausfindig machen, entdecken.
7 **persuader:** überreden, überzeugen.
8 **épiler:** Haare auszupfen, enthaaren.
10 **se produire:** vor sich gehen, sich ereignen.
12 **faire semblant de qc:** sich stellen, so tun als ob.
13 **filtrer:** filtern; durchdringen.
torve: scheel.
la paupière: (Augen-)Lid.
15 **crac!** (interj.): krach, bums, zack.
18 **inépuisable:** nie versiegend, unerschöpflich.
19 **se métamorphoser:** sich (ganz und gar) verwandeln.

friper de chagrin à mesure que sa barbe se raréfiait. Il s'observait lui-même au miroir, caressait ce qui lui restait de barbe d'or, appréciait les lignes de son menton qui transparaissait de plus en plus nettement à travers une toison clairsemée. Le plus curieux, c'est que la métamorphose ne lui déplaisait pas. À travers le masque du vieillard majestueux qui s'effritait, il voyait reparaître – plus accusés, plus marqués certes – les traits du jeune homme imberbe qu'il avait été. En même temps la question de sa succession devenait à ses yeux moins urgente.

Quand il n'eut plus au menton qu'une douzaine de poils, il songea sérieusement à congédier ses ministres chenus, et à prendre lui-même en main les rênes du gouvernement. C'est alors que les événements prirent un tour nouveau.

1 **se friper:** zerknittern; runzeln, zerfurchen.
à mesure que: in dem Maße wie.
se raréfier: dünner werden.
2 **caresser:** streicheln, liebkosen.
3 **apprécier:** würdigen, zu schätzen wissen.
4 **transparaître:** durchschimmern.
nettement (adv.): klar, deutlich.
5 **la toison:** (Schaf-)Fell, Wolle; (fig.): dichte Behaarung, Mähne.
clairsemé, e: dünngesät, licht, spärlich.
5f. **la métamorphose:** (vollständige) Verwandlung.
7 **majestueux, se:** majestätisch, erhaben.
s'effriter: zerbröckeln, verwittern.
reparaître: wieder zum Vorschein kommen.
8 **accusé, e:** hier: klar, ausgeprägt.
certes (adv.): sicher, gewiß.
9 **imberbe:** bartlos.
12 **congédier:** verabschieden, entlassen.
chenu, e: weißhaarig, altersgrau.
13 **la rêne:** Zügel.
14f. **prendre un tour nouveau:** einen anderen Verlauf nehmen, sich wenden.

Était-ce parce que ses joues et son menton dénudés devenaient plus sensibles aux courants d'air? Il lui arriva d'être tiré de sa sieste par un petit vent frais qui se produisait une fraction de seconde avant que le poil blanc du matin ne disparût. Et un jour il vit! Il vit quoi? Un bel oiseau blanc – blanc comme la barbe blanche qu'il n'aurait jamais – qui s'enfuyait à tire-d'aile en emportant dans son bec le poil de barbe qu'il venait d'arracher. Ainsi donc tout s'expliquait: cet oiseau voulait un nid de la couleur de son plumage, et il n'avait rien trouvé de plus blanc que certains poils de la barbe royale.

Nabounassar se réjouissait de sa découverte, mais il brûlait d'en savoir davantage. Or il était grand temps, car il ne lui restait plus qu'un seul poil au menton, lequel, blanc comme neige, serait la dernière occasion pour le bel oiseau de se montrer. Aussi quelle n'était pas l'émotion du roi en s'étendant sous les aristoloches pour cette sieste! Il fallait à nouveau feindre le sommeil, mais ne pas y succomber. Or le déjeuner avait été ce jour-là particulièrement riche et succulent, et il invitait à une sieste ... royale! Nabounassar III lutta héroïquement contre

1 **dénudé, e:** entblößt, kahl.
4 **la fraction:** Bruchteil.
7 **s'enfuir:** entfliehen, verschwinden.
à tire-d'aile: blitzschnell.
10 **le plumage:** Gefieder, Federkleid.
11 **royal, e:** königlich.
12 **se réjouir de qc:** sich über etwas freuen.
la découverte: Entdeckung.
12f. **brûler de qc:** (fig.): darauf brennen, heftig nach etwas verlangen.
13 **il est grand temps:** es ist höchste Zeit.
18 **feindre:** heucheln, vortäuschen.
19 **succomber à qc:** einer Sache erliegen, von etwas übermannt werden.
20 **succulent, e:** schmackhaft, köstlich.
21 **héroïquement** (adv.): heroisch, heldenhaft.

la torpeur qui l'envahissait en vagues bienfaisantes, et pour se tenir éveillé, il louchait vers le long poil blanc qui partait de son menton et ondulait dans la lumière chaude. Ma parole, il n'eut qu'un instant d'absence, un bref instant, et il revint à lui sous le coup d'une vive caresse d'aile contre sa joue et d'une sensation de piqûre au menton. Il lança sa main en avant, toucha quelque chose de doux et de palpitant, mais ses doigts se refermèrent sur le vide, et il ne vit en ouvrant les yeux que l'ombre noire de l'oiseau blanc à contre-jour dans le soleil rouge, l'oiseau qui fuyait et qui ne reviendrait plus jamais, car il emportait dans son bec le dernier poil de la barbe du roi!

Le roi se leva furieux et fut sur le point de convoquer ses archers avec l'ordre de s'assurer de l'oiseau et de le lui livrer mort ou vif. Réaction brutale et déraisonnable d'un souverain dépité. Il vit alors quelque chose de blanc qui se balançait dans l'air en se rapprochant du sol: une

1 **la torpeur:** Betäubung, Benommenheit, Mattigkeit.
envahir: durchdringen, erfassen; überfallen.
bienfaisant, e: wohltuend, heilsam.
2 **éveillé, e:** (hell)wach, munter.
loucher: schielen.
3 **onduler:** hin und her wogen, sich wellen.
4 **ma parole:** mein Wort darauf; tatsächlich.
6 **la caresse:** Streicheln, Liebkosung.
8 **palpitant, e:** zuckend, pochend.
10 **le contre-jour:** Gegenlicht.
14 **être sur le point de faire qc:** im Begriff sein, etwas zu tun.
convoquer: zusammenrufen, kommen lassen.
15 **un archer:** Bogenschütze.
s'assurer: hier: dingfest machen, sich bemächtigen.
16 **déraisonnable:** unvernünftig, töricht.
17 **dépiter:** verdrießen, verärgern.
18 **se balancer:** schaukeln, sich hin und her bewegen.

plume, une plume neigeuse qu'il avait sans doute détachée de l'oiseau en le touchant. La plume se posa doucement sur une dalle, et le roi assista à un phénomène qui l'intéressa prodigieusement: la plume, après un instant d'immobilité, pivota sur son axe et dirigea sa pointe vers ... Oui, cette petite plume posée par terre tourna comme l'aiguille aimantée d'une boussole, mais au lieu d'indiquer la direction du nord, elle se plaça dans celle qu'avait prise l'oiseau en fuyant.

Le roi se baissa, ramassa la plume et la posa en équilibre sur la paume de sa main. Alors la plume tourna et s'immobilisa dans la direction sud-sud-ouest, celle qu'avait choisie l'oiseau pour disparaître.

C'était un signe, une invite. Nabounassar, tenant toujours la plume en équilibre sur sa paume, s'élança dans l'escalier du palais, sans répondre aux marques de respect dont le saluaient les courtisans et les domestiques qu'il croisait.

Lorsqu'il se trouva dans la rue au contraire, personne ne parut le reconnaître. Les passants ne pouvaient imaginer

1 **neigeux, se:** schneebedeckt; hier: schneeweiß.
3 **la dalle:** Steinplatte.
le phénomène: Phänomen, (Natur-)Erscheinung.
4 **prodigieusement** (adv.): außerordentlich, ungeheuer.
5 **une immobilité:** Unbeweglichkeit, Stillstand.
pivoter sur qc: sich um etwas drehen.
un axe: Achse.
7 **une aiguille aimantée:** Magnetnadel.
la boussole: Kompaß.
11 **la paume:** (Innen-)Hand, Handfläche.
11 f. **s'immobiliser:** stehenbleiben, sich nicht mehr rühren.
14 **une invite:** (stille) Ermunterung, Aufforderung.
16 **la marque** (fig.): Zeichen, Beweis.
17 **le courtisan:** Höfling.

que cet homme sans barbe qui courait vêtu d'un simple pantalon bouffant et d'une courte veste, en tenant une petite plume blanche en équilibre sur sa main, c'était leur souverain majestueux, Nabounassar III. Était-ce que ce comportement insolite leur paraissait incompatible avec la dignité du roi? Ou bien autre chose, par exemple un air de jeunesse nouveau qui le rendait méconnaissable? Nabounassar ne se posa pas la question – une question primordiale pourtant –, trop occupé à garder la plume sur sa paume et à suivre ses indications.

Il courut longtemps ainsi, le roi Nabounassar III – ou faut-il déjà dire l'ancien roi Nabounassar III? Il sortit de Chamour, traversa des champs cultivés, se retrouva dans une forêt, franchit une montagne, passa un fleuve grâce à un pont, puis une rivière à gué, puis un désert et une autre montagne. Il courait, courait, courait sans grande fatigue, ce qui était bien surprenant de la part d'un homme âgé, corpulent et gâté par la vie indolente.

Enfin il s'arrêta dans un petit bois, sous un grand chêne vers le sommet duquel la plume blanche se dressa verticalement. Tout là-haut, sur la dernière fourche, on

2 **bouffant, e:** bauschig, weit.
5 **le comportement:** Verhalten.
insolite: ungewohnt, ungewöhnlich.
incompatible: unvereinbar, unverträglich.
6 **la dignité:** Würde.
7 **méconnaissable:** unerkennbar, unkenntlich.
9 **primordial, e:** wesentlich, von größter Bedeutung.
15 **le gué:** Furt.
17 **surprenant, e:** überraschend, erstaunlich.
18 **corpulent, e:** korpulent, dick.
gâter: verderben, verwöhnen.
indolent, e: gleichgültig, träge.
20 f. **verticalement** (adv.): vertikal, senkrecht.
21 **la fourche:** hier: Astgabel.

voyait un amas de brindilles, et sur ce nid – car c'était un nid, évidemment – le bel oiseau blanc qui s'agitait avec inquiétude.

Nabounassar s'élança, saisit la branche la plus basse et d'un coup de reins se retrouva assis, puis tout de suite debout, et il recommença avec la deuxième branche, et il grimpait ainsi, agile et léger comme un écureuil.

Il eut tôt fait d'arriver à la fourche. L'oiseau blanc s'enfuit épouvanté. Il y avait là une couronne de branchettes qui contenait un nid blanc, où Nabounassar reconnut sans peine tous les poils de sa barbe soigneusement entrelacés. Et au milieu de ce nid blanc reposait un œuf, un bel œuf doré, comme l'ancienne barbe du roi Barbedor.

Nabou détacha le nid de la fourche, et entreprit de redescendre, mais ce n'était pas une petite affaire avec ce fragile fardeau qui lui occupait une main! Il pensa plus d'une fois tout lâcher, et même alors qu'il était encore à une douzaine de mètres du sol, il faillit perdre l'équilibre et tomber. Enfin il sauta sur le sol moussu. Il marchait depuis quelques minutes dans ce qu'il pensait être la

1 **un amas:** Haufen, Anhäufung.
la brindille: dünner Zweig; Reisig.
5 **les reins** *m.:* Hüftgegend, Kreuz.
7 **grimper:** klettern, hinaufsteigen.
agile: gewandt, flink, behende.
un écureuil: Eichhörnchen.
9 **épouvanter:** erschrecken, in Angst versetzen.
la branchette: kleiner Zweig.
11 **soigneusement** (adv.): sorgfältig, umsichtig.
12 **entrelacer:** verflechten, ineinanderschlingen.
17 **le fardeau:** Last, Bürde.
19 **faillir faire qc:** beinahe etwas tun, um ein Haar geschehen.
20 **moussu, e:** moosig, bemoost.

direction de la ville, quand il fit une extraordinaire rencontre. C'était une paire de bottes, et au-dessus un gros ventre, et au-dessus un chapeau de garde-chasse, bref un véritable géant des bois. Et le géant cria d'une voix de tonnerre:

«Alors, petit galopin? C'est comme ça qu'on vient dénicher les œufs dans la forêt du roi?»

Petit galopin? Comment pouvait-on l'appeler ainsi? Et Nabou s'avisa soudain qu'en effet il était devenu fort petit, mince et agile, ce qui expliquait au demeurant qu'il pût courir des heures durant et monter aux arbres. Et il n'eut pas non plus de mal à se glisser dans un fourré et à échapper au garde-chasse encombré par sa taille et son ventre.

Quand on approche de Chamour, on passe à proximité du cimetière. Or le petit Nabou se trouva arrêté en cet endroit par une grande et brillante foule qui entourait un splendide corbillard, tiré par six chevaux noirs, bêtes magnifiques, empanachées de duvet sombre et caparaçonnées de larmes d'argent.

Il demanda plusieurs fois qui donc on enterrait mais tou-

3 **le garde-chasse:** Wildhüter, Jagdaufseher.
6 **le galopin** (fam.): Schlingel, Spitzbube.
6f. **dénicher:** aus dem Nest nehmen.
9 **s'aviser:** bemerken, wahrnehmen.
10 **au demeurant:** im übrigen, letzten Endes.
12 **se glisser:** sich einschleichen, heimlich hineinstehlen.
le fourré: Dickicht.
13 **encombrer:** versperren, überfüllen; behindern.
15 **à proximité de:** in der Nähe, nahe, unweit.
18 **splendide:** prächtig, herrlich.
le corbillard: Leichenwagen.
19 **empanacher:** (mit einem Federbusch) schmücken.
le duvet: Flaum(feder), Daune.
19f. **caparaçonner:** (Pferde-)Decke auflegen; vollständig bedecken.

jours les gens haussaient les épaules et refusaient de lui répondre, comme si sa question avait été par trop stupide. Il remarqua simplement que le corbillard portait des écussons sur lesquels il y avait un N surmonté d'une couronne. Finalement il se réfugia dans une chapelle mortuaire située à l'autre bout du cimetière, il posa le nid à côté de lui, et, à bout de force, il s'endormit sur une pierre tombale.

Le soleil était déjà chaud quand il reprit le lendemain la route de Chamour. Il eut la surprise de trouver la grande porte fermée, ce qui était bien étonnant à cette heure du jour. Il fallait que les habitants attendissent un événement important ou un visiteur de marque, car c'était dans ces circonstances exceptionnelles qu'on fermait et qu'on ouvrait solennellement la grande porte de la ville. Il se tenait ainsi, curieux et indécis, devant le haut portail, tenant toujours le nid blanc dans ses mains, quand tout à coup l'œuf doré qu'il contenait se fendit en morceaux, et un petit oiseau blanc en sortit. Et ce petit oiseau blanc chantait d'une voix claire et intelligible: «Vive le roi! Vive notre nouveau roi Nabounassar IV!»

1 **hausser les épaules:** die Achseln zucken.
2 **par trop:** allzusehr.
2f. **stupide:** dumm, blöd.
4 **un écusson:** Wappenschild.
surmonté, e de qc: mit etwas gekrönt, versehen.
5f. **la chapelle mortuaire:** Totenkapelle.
7 **à bout de force:** am Ende der Kräfte, erschöpft.
8 **la pierre tombale:** Grabstein, -platte.
13 **de marque:** sehr bedeutend, hochgestellt.
15 **solennellement** (adv.): feierlich, würdevoll.
16 **indécis, e:** unentschieden, unschlüssig.
le portail: Portal.
18 **se fendre:** sich spalten, bersten.
20 **intelligible:** verständlich, deutlich vernehmbar.

Alors lentement la lourde porte tourna sur ses gonds et s'ouvrit à deux battants. Un tapis rouge avait été déroulé depuis le seuil jusqu'aux marches du palais. Une foule en liesse se massait à droite et à gauche, et comme l'enfant au nid s'avançait, tout le monde reprit l'acclamation de l'oiseau, en criant: «Vive le roi! Vive notre nouveau roi Nabounassar IV!»

Le règne de Nabounassar IV fut long, paisible et prospère. Deux reines se succédèrent à ses côtés sans qu'aucune donnât un dauphin au royaume. Mais le roi, qui se souvenait d'une certaine escapade dans la forêt à la suite d'un oiseau blanc voleur de barbe, ne se faisait aucun souci pour sa succession. Jusqu'au jour où, les années passant, ce souvenir commença à s'effacer de sa mémoire. C'était l'époque où une belle barbe d'or peu à peu lui couvrait le menton et les joues.

1 **le gond:** (Tür-, Fenster-)Angel.
2 **le battant:** (Tür-, Fenster-)Flügel.
dérouler: entrollen, auslegen.
3f. **la foule en liesse:** jubelnde Menge.
4 **se masser:** sich in Massen ansammeln, zusammenlaufen, sich drängen.
5 **une acclamation:** Jubel(ruf); Hochrufe, Beifall.
8f. **prospère:** erfolgreich, blühend, glücklich.
11 **une escapade:** (heimlicher) Ausflug, Eskapade, Ausreißen.

Réponse

Pourquoi écrivez-vous? À cette question Balzac a, je crois, répondu: pour être riche et célèbre. D'autres répondent au contraire: parce que c'est un acte nécessaire à mon équilibre psychique, et j'écrirais même si je ne devais pas être publié.

Ce sont les deux réponses extrêmes. Je dirai quant à moi: pour être lu. Je me considère comme un artisan en chambre façonnant cet objet manufacturé, destiné à être mis sur le marché: un livre. Le livre est une création, et cette création comporte un premier et un second degré.

Au premier degré, j'invente une histoire et des personnages.

Au second degré, le lecteur s'en empare et poursuit cette création pour la faire sienne.

Et comme toute création entraîne joie, il y a pour moi double joie: celle de créer et celle de susciter une cocréation chez mes lecteurs. J'allume un feu en moi qui me donne chaleur et lumière. Mais aussi, je le répands, et j'observe les millions de petites flammes tremblantes sur

2 **Balzac:** Honoré de B. (1799–1850), französischer Schriftsteller, Begründer des bürgerlichen Romans in Frankreich.
5 **un équilibre:** Gleichgewicht; (fig.): Ausgeglichenheit.
psychique: psychisch, seelisch.
9 **façonner:** formen, bilden, gestalten.
manufacturer: anfertigen, herstellen, erzeugen.
destiner à qc: für etwas ausersehen, bestimmen.
11 **la création:** Erschaffung, Schöpfung.
comporter: hier: umfassen, enthalten.
17 **susciter:** hervorrufen, erwecken, entstehen lassen.
17f. **la cocréation:** Mitschöpfung.
20 **la flamme:** Flamme; (fig.): Leidenschaft, Begeisterung.

toute la terre que font mes livres dans les esprits et dans les cœurs.

À Monteux (Vaucluse), j'ai visité la fabrique de feux d'artifice Ruggiéri. Dans des petites baraques légères comme des plumes – prêtes à s'envoler sans dommage à la moindre explosion – j'ai vu d'étranges chimistes mêler dans des tubes des poudres multicolores, lesquelles allaient devenir plus tard, très loin d'ici, fusées, feux de Bengale, soleils, bouquets de lumière. Un écrivain, selon moi, c'est un peu ça.

Les Fiancés de la plage

C'était à Villers-sur-Mer, mais Plozévet, Mimizan ou Le Lavandou auraient aussi bien fait l'affaire. Je m'étais posé, curieux et solitaire, à proximité d'un de ces groupes tribaux qui rassemblent sur le sable grands-parents, parents, enfants, cousins, amis et amis des amis. Je son-

3 **Monteux:** Ort im Département Vaucluse, nordöstlich von Avignon.
le feu d'artifice (*m.*): Feuerwerk.
4 **Ruggiéri:** Name eines bekannten Herstellers von Feuerwerkskörpern.
la baraque: Baracke, Bude.
7 **multicolore:** vielfarbig, bunt.
8 **la fusée:** Rakete.
8f. **le feu de Bengale:** bengalisches Feuer, Buntfeuer.
12 **Villers-sur-Mer / Plozévet / Mimizan / Le Lavandou:** Namen französischer Badeorte an der Atlantik- und Mittelmeerküste.
13 **faire l'affaire:** recht sein, genügen.
14 **solitaire:** einzelgängerisch, einsam, allein.
à proximité: in der Nähe, nahe, unweit.
15 **tribal, e** (iron.): in Sippen, Scharen auftretend.

geais que les plages estivales sont la dernière chance de la famille au sens large du mot, au sens de maison, maisonnée, alors que partout ailleurs la famille est réduite à sa plus simple expression: papa-maman-enfant. L'automobile – et ses dimensions – y est certainement pour quelque chose, et il faudrait dans une sociologie moderne comparer la famille-plage et la famille-auto, comme Marcel Mauss, dans un essai célèbre, distinguait chez les Eskimos la vie communautaire de l'hiver et la dispersion en groupes réduits de l'été.

Le fait est que c'est en vacances – sur les plages singulièrement – que la plupart des futurs couples se forment. Des jeunes gens et des jeunes filles habitant la même ville – voire le même quartier – se croisent, se côtoient onze mois sans se remarquer. Sans doute n'ont-ils pas la «tête à ça». Pour qu'ils «se regardent», comme on dit aux champs, il leur faut la plage, qui apparaît dès lors comme un vaste champ de foire aux fiancés.

1 **estival, e:** sommerlich.
2f. **la maisonnée:** Hausgemeinschaft einer (Groß-)Familie.
5 **la dimension:** Ausmaß; Auswirkung, Bedeutung.
certainement (adv.): sicherlich.
8 **Marcel Mauss:** französischer Soziologe und Völkerkundler (1872–1950).
9 **communautaire:** gemeinschaftlich.
la dispersion: Auflösung; Zersplitterung.
11f. **singulièrement** (adv.): seltsamerweise; besonders, vor allem.
12 **le couple:** (Ehe-)Paar.
14 **voire** (adv.): (ja) sogar, selbst.
se cotoyer: sich streifen, berühren, nebeneinander hergehen.
16f. **aux champs:** hier: auf dem Lande.
17 **dès lors:** von nun an; infolgedessen.
18 **le champ de foire:** Messe-, Ausstellungsgelände; hier (iron.): Tummelplatz.

Cependant que je me faisais ces réflexions, à quelques mètres de moi le palabre allait bon train. Au centre du groupe, la maman, plus toute jeune, un peu corpulente déjà, serrait en silence sur ses genoux le plus jeune, six ans peut-être. Mais autour d'eux les adolescents parlaient avec animation d'un concours de beauté avec élection d'une «miss» locale organisé le soir même au casino. On lance des prénoms de demoiselles ayant des chances de vaincre. Les filles se défient, intimidées et envieuses, affichant un détachement apparent pour ce genre de manifestation.

Soudain, un ange passe, et on entend la voix du petit garçon:

«Mais toi, maman, pourquoi tu ne te présentes pas au concours de beauté?»

Stupeur d'un instant. Puis hurlements de rire des adolescents. Ce gosse, quel idiot! Non mais, tu vois ça, maman au concours de beauté!

1 **cependant que** (litt.): während.
la réflexion: Überlegung, Betrachtung.
2 **le (la) palabre** (péj.): Palaver, Geschwätz.
aller bon train: schnell gehen; munter im Gange sein.
5 **un adolescent:** Jüngling, Halbwüchsiger, Jugendlicher.
6 **une animation:** Lebendigkeit, Lebhaftigkeit.
le concours: Wettbewerb.
9 **se défier:** mißtrauen, mißtrauisch sein.
intimider: einschüchtern.
envieux, se: neidisch.
10 **afficher** (fig.): zur Schau stellen, zeigen.
le détachement: Desinteresse, Gleichgültigkeit.
apparent, e (fig.): scheinbar.
10f. **la manifestation:** Demonstration; Veranstaltung, Darbietung.
12 **un ange passe:** plötzliche Stille, verlegenes Schweigen tritt ein.
16 **la stupeur:** Bestürzung, Verblüffung; Sprachlosigkeit.
le hurlement: Heulen; Gebrüll, Geschrei.
17 **le gosse** (fam.): Bengel, Knirps; Gör.

Mais, au milieu de tout ce bruit, il y en a deux qui ne disent rien. Le petit garçon qui ouvre de grands yeux et qui regarde passionnément sa mère. Il ne comprend rien, mais vraiment rien du tout à ce déchaînement de gaieté grossière. Il a beau écarquiller les yeux, ce qu'il voit indiscutablement, c'est la plus belle des femmes.
Et la maman, plus toute jeune, un peu corpulente déjà, qui regarde son petit garçon. Non, qui *se* regarde avec émerveillement dans les yeux de son petit garçon.
Les fiancés de la plage ...

3 **passionnément** (adv.): leidenschaftlich, hingebungsvoll.
4 **le déchaînement** (fig.): Entfesselung, Ausbruch.
la gaieté: Fröhlichkeit, Heiterkeit.
5 **écarquiller:** weit aufreißen.
6 **indiscutablement** (adv.): unbestreitbar, unumstößlich.
9 **un émerveillement:** Verwunderung; Entzücken.

Le Fantôme d'Arles

En Arles, où sont les Alyscamps, la pégoulade déroule chaque an nouveau son cortège de jeunes filles en coiffe et costume, ses tambourinaires avec leur galoubet, ses gardians de Camargue sur leurs petits chevaux blancs. On danse la farandole. Les razeteurs vont cueillir la cocarde entre les cornes des taureaux.

Mais, la nuit, j'entends sous ma fenêtre le martèlement d'une autre galopade, solitaire celle-là.

Élue pour quatre années, la reine d'Arles doit être née dans le «pays», parler le provençal, rester pucelle. Comme elle est très jolie, il arrive qu'elle n'attende pas la

1 **le fantôme:** Phantom, Gespenst, Geist; Erscheinung, Einbildung.
2 **les Alyscamps:** antike Begräbnisstätte, dann im Mittelalter einer der berühmtesten Friedhöfe der Christenheit.
la pégoulade: nächtlicher Fackelumzug an Festtagen (Provence).
dérouler: ausrollen; (fig.): entfalten, ausbreiten.
3 **le cortège:** Gefolge; Umzug.
la coiffe: (Trachten-)Haube.
4 **le costume:** hier: Kostüm, Tracht.
le tambourinaire: Tamburinspieler, Trommler in der Provence.
le galoubet: kleine Flöte (zur Begleitung des Tamburins).
5 **le gardian:** Hirte der Stier- und Pferdeherden in der Camargue.
6 **la farandole:** provenzalischer Tanz zur Musik von Galoubet und Tamburin.
le razeteur: Teilnehmer an stierkampfähnlichen Geschicklichkeitsspielen.
7 **la cocarde:** Kokarde, Bänderrosette.
8 **le martèlement:** Hämmern.
9 **la galopade:** Galoppieren, Rennen.
solitaire: einsam, verlassen; isoliert, für sich.
11 **le provençal:** Provenzalisch, Okzitanisch (romanische Sprache in Südfrankreich).
la pucelle (fam.): Jungfrau.

fin de son règne pour se marier. Elle cède alors son sceptre à l'une de ses suivantes. Quand l'enfant est né, le parrain lui apporte une assiette contenant une poignée de sel, une allumette, un œuf et un petit pain. Et il lui dit (en provençal): «Que ton petit soit sage comme le sel, droit comme une allumette, plein comme un œuf et bon comme le pain.»
Mais dans les ruelles sombres, humides et pentues, un rouquin venu du Nord court, talonné par la folie.
Sur la place du Forum – appelée autrefois «place des hommes» parce que c'était là que les valets de ferme venaient se faire embaucher –, la statue du grand Frédéric Mistral nous accueille. Il semble sur le point de partir, l'auteur de *Mireille*, avec son manteau sur le bras. «Il ne manque que la valise», disait-il lui-même de cette statue qu'il n'aimait pas trop. Il est vrai qu'il y ressemble furieusement à Buffalo Bill, avec sa barbiche et son chapeau à

1f. **le sceptre:** Zepter.
2 **la suivante:** Zofe, Dienerin.
3 **le parrain:** Pate.
la poignée: Handvoll.
8 **la ruelle:** Gasse, Gäßchen.
pentu, e: abschüssig.
9 **le rouquin** (fam.): Rothaariger, Rotschopf.
talonner qn: jdm. auf den Fersen sein, verfolgen.
11 **le valet:** Diener, Knecht.
12 **embaucher:** einstellen, anwerben.
12f. **Frédéric Mistral:** provenzalischer Dichter (1830–1914), erhielt 1904 den Nobelpreis.
13 **sur le point de:** im Begriff zu.
14 **«Mireille»:** »Mireia«, provenzalisches Versepos und Hauptwerk F. Mistrals (1859).
16f. **furieusement** (adv.; fam.): ungemein, kolossal, gewaltig.
17 **Buffalo Bill:** William Frederick Cody, genannt B. B. (1846–1917), amerikanischer Pionier, bekannt als Büffeljäger und Schausteller.
la barbiche: Kinnbärtchen.

large bord. Buffalo Bill qu'il rencontra et qui lui offrit son chien. Si vous allez au cimetière de Maillane, vous le retrouverez, ce chien américain, il est sculpté sur le mausolée du poète félibre.
Mais Mistral croisa-t-il dans une des petites rues qui dévalent vers le Rhône le peintre ensanglanté galopant vers une femme?
Partout en Arles, vous verrez des petits groupes palabrer ardemment à l'ombre des platanes autour du «cochonnet» que cernent de belles boules de métal brillant. Yvan Audouard, expert en la matière, vous l'expliquera mieux que personne: la pétanque reconstitue partout où elle se joue – et même dans la cour d'une usine, d'une prison – l'atmosphère de familiarité chamailleuse et pourtant courtoise d'un village d'autrefois.
Oui, Arles est une petite cité riante et ensoleillée.
Mais j'entends toujours dans l'ombre de ses ruelles

1 **le bord:** hier: (Hut-)Krempe.
2 **Maillane:** Geburts- und Sterbeort Mistrals, südlich von Avignon.
3f. **le mausolée:** Mausoleum; Grabmal.
4 **le félibre:** provenzalisch schreibender Dichter, Schriftsteller.
6 **dévaler:** abwärts führen.
ensanglanté: blutbefleckt.
galoper: galoppieren; rennen.
8 **palabrer:** palavern, schwatzen.
9 **ardemment** (adv.): leidenschaftlich, heftig.
9f. **le cochonnet:** Ferkel; hier: kleine Zielkugel beim Boulespiel.
10 **cerner:** umringen, einkreisen.
11 **un expert:** Experte, Sachverständiger, Kenner.
12 **la pétanque:** südfranzösisches Boulespiel.
reconstituer: wiederherstellen.
14 **une atmosphère:** Atmosphäre, Stimmung.
la familiarité: Vertrautheit, Vertraulichkeit.
chamailleur, se: streitsüchtig, zänkisch.
15 **courtois, e:** ritterlich, höflich.
16 **ensoleillé, e:** sonnig; (fig.): strahlend.

sinueuses résonner les lourds brodequins de Vincent Van Gogh inondé de sang, portant l'oreille qu'il vient de se couper avec son rasoir en hommage à une prostituée du bordel de la Roquette.

De Jérusalem à Nuremberg

7 mai 1985.

La Frankenhalle de Nuremberg peut recevoir jusqu'à sept mille spectateurs. Ce soir, elle déborde de jeunes aux cheveux longs, bottés et culottés de cuir, un gilet couvert de badges sur leur torse nu. Sur la scène l'idole hambourgeoise Udo Lindenberg et ses rockers mènent un train d'enfer. Les guitares sèches, la batterie, un saxo-

1 **sinueux, se:** gewunden, kurvig.
résonner: ertönen, erschallen, widerhallen.
le brodequin: Schnürstiefel.
1 f. **Vincent Van Gogh:** holländischer Maler (1853–90); er lebte einige Zeit in Arles und litt wiederholt unter Anfällen von Wahnsinn.
3 **un hommage:** Huldigung.
la prostituée: Prostituierte, Dirne.
4 **la Roquette:** altes Gefängnis in Paris (1830–1900).
5 **Nuremberg:** Nürnberg.
8 **déborder:** überfließen, überlaufen; (fig.): übervoll sein.
9 **être botté, e et culotté, e de cuir:** Stiefel und lederne Hosen tragen.
10 **le badge** (angl.): Aufkleber, Anstecknadel, Button.
le torse: Oberkörper.
une idole: Idol, Abgott.
11 **le rocker** (angl.): Rockmusiker.
11 f. **mener un train d'enfer:** ein Höllentempo hinlegen (*un enfer:* Hölle).
12 **la guitare sèche:** Schlaggitarre.
la batterie: hier: Schlagzeug.

phone rétro et les éructations du chanteur, amplifiés par une sono géante, font trembler les poutrelles d'acier et balaient la foule d'un souffle de tempête. Je me tasse dans mon fauteuil en me demandant ce que je suis venu faire dans cette galère. Soudain un organisateur se penche vers moi et prononce ces mots affreux:
«Dans trois minutes et demie, c'est à vous!»
Je me lève avec l'ardeur d'un veau qu'on mène à l'abattoir. Quelle idée a eu Willy Brandt de s'adresser à moi pour donner un «cachet» littéraire à cette fête de la S.P.D.! Trop tard, trop tard, il faut y aller! Le rideau tombe sur les rockers. On me pousse vers l'avant-scène. Une batterie de micros dardent sur moi leurs petites têtes de serpent. Les projecteurs m'éblouissent. Allons-y! Je gueule à pleine gorge: «J'arrive d'Israël!»
J'entends double. D'abord mon filet de voix susurré par ma bouche chétive. Puis une seconde plus tard, ces

1 **rétro:** altmodisch.
une éructation: Aufstoßen, Rülpsen.
amplifier: verstärken.
2 **la sono:** Kurzform für *la sonorisation:* Tonwiedergabe, Musikanlage.
la poutrelle: kleiner Balken; Metallstrebe.
3 **balayer** (fig.): hinwegfegen.
se tasser (fam.): in sich zusammenfallen, versinken.
5 **faire dans cette galère:** an einem Ort etwas zu suchen haben, sich auf etwas einlassen.
8 **une ardeur** (fig.; iron.): Energie, Eifer.
10 **le cachet** (fig.): Stempel, Gütesiegel; (besondere) Note.
12 **une avant-scène:** Vorbühne.
13 **darder:** werfen, schleudern; hier: drohend entgegenstrecken.
14 **le projecteur:** Scheinwerfer.
éblouir: blenden.
15 **gueuler** (pop.): brüllen, schreien.
16 **le filet de voix:** dünne Stimme.
susurrer: säuseln, flüstern.
17 **chétif, ve:** schwächlich, schwach.

mêmes mots catapultés en écho par la toiture et les parois de la halle. Le public, estomaqué par cette attaque, paraît figé.

«Hier j'étais à Beersheva, à Saint-Jean-d'Acre, à Sodome. J'ai parcouru par 40 degrés les plages de la Mer Morte. Toute sa partie méridionale se couvre de plaques de sel. Dans peu de temps, ces plaques se rejoindront, formant comme une banquise de chlorure de sodium, sous laquelle continuera à cuire une soupe chimique de plus en plus épaisse. La Mer Morte se meurt. À Jérusalem, en inaugurant la Foire du Livre, j'ai découvert deux romans de moi en hébreu, *Le Roi des Aulnes* et *Vendredi*. Réduits de moitié, non par suite d'une quelconque censure, mais parce que l'hébreu élimine les voyelles. Je fus présenté à l'actuel ministre de l'Intérieur, le rabbin Yossef Burg. Né à Dresde au début du siècle, il parle

1 **catapulter:** katapultieren, hinausschleudern.
la toiture: Dachstuhl, Bedachung.
la paroi: Innen-, Seitenwand.
2 **estomaquer:** schockieren, entsetzen.
3 **se figer:** erstarren.
4 **Beersheva / Saint-Jean-d'Acre:** Beer Sheva, Akko: Städte in Israel mit biblischer Vergangenheit.
5 **Sodome:** Sodom (biblischer Ort).
6 **méridional, e:** südlich.
8 **la banquise:** Packeis.
le chlorure de sodium (*m.*): Kochsalz (Natriumchlorid).
11 **inaugurer:** einweihen, eröffnen.
12 **hébreu:** hebräisch.
«Le Roi des Aulnes»: »Der Erlkönig« (1970), bekannter Roman des Autors.
«Vendredi»: Titel eines Romans des Autors über Robinson und seinen Gefährten Freitag (1967).
14 **la censure:** Zensur.
éliminer: eliminieren, entfernen, ausscheiden.
15 **le rabbin:** Rabbiner.
16 **Dresde:** Dresden.

l'allemand comme vous, et mieux que moi. Il a eu comme professeurs les philosophes Traugott Oesterreich, Eduard Spranger, Romano Guardini, et l'orientaliste Enno Littmann. Moi aussi, vingt ans plus tard. Je lui ai dit que j'allais à Nuremberg. Il m'a dit: ‹Saluez de ma part les jeunes Allemands›. Voilà qui est fait. (Applaudissements.) J'ai parlé aux étudiants de Haïfa et de Tel-Aviv. Une nuit à Jérusalem, nous cherchions un restaurant. Dans une ruelle la vitrine encore illuminée d'un café nous attira. En entrant, ce fut le choc: Berlin 1930. Un décor kitsch, mais nullement artificiel, poussiéreux au contraire, usé, criant de vérité. Des affiches du style ‹Opéra de quat'sous› et ‹L'Ange bleu›. Je fus saisi par cette étrange nostalgie, celle qui nous fait pleurer un temps que nous n'avons pas connu. Je pensais à ces trois villes: Berlin-Prague-Vienne dont la ligne nord-sud formait comme l'épine dorsale de l'Europe, et qui dépêchait

3 **un orientaliste:** Orientalist; Forscher östlicher Sprachen und Kulturen.
6f. **un applaudissement:** Beifall, Zustimmung, Applaus.
9 **la ruelle:** Gasse, Gäßchen.
la vitrine: Vitrine, (Schau-)Fenster.
illuminer: beleuchten, erleuchten.
11 **le décor:** Dekor, Ausstattung.
nullement (adv.): keineswegs, überhaupt nicht.
artificiel, le: künstlich, nachgemacht.
poussiéreux, se: staubig.
13 **«L'Opéra de quat'sous»:** »Die Dreigroschenoper« (1928), bekanntes Theaterstück von Bertolt Brecht.
«L'Ange bleu»: »Der blaue Engel« (1930), berühmter Film von Joseph v. Sternberg mit Marlene Dietrich.
14 **la nostalgie:** Nostalgie, Wehmut.
16 **Vienne:** Wien.
17 **une épine dorsale:** Rückgrat.
dépêcher: ausschicken.

dans le reste du monde des génies universels: Max Reinhard, Einstein, Kafka, Freud, Zweig et bien d'autres. Certes les Juifs n'avaient besoin ni des U.S.A. ni d'Israël, ils étaient chez eux en cette Europe Centrale germanophone! Le nazisme a détruit cette source vive de création et de culture.
Alors je vous y invite, jeunes Allemands de Nuremberg réunis ce soir ici pour fêter quarante ans de paix, allez voir vos pères spirituels outre-Méditerranée. Je vous fixe un rendez-vous: l'an prochain à Jérusalem!»
J'ai disparu dans la trappe de l'escalier. Le rideau s'est relevé sur le Panik-orchester d'Eric Burdon illuminé par des flashes multicolores.

1 **universel, le:** all-, vielseitig, universal.
3 **certes** (adv.): sicher, gewiß.
le juif, la juive: Jude, Jüdin.
4f. **germanophone:** deutschsprachig.
5f. **la création:** Erschaffung, Schöpfung.
8 **fêter:** feiern, fröhlich begehen.
9 **spirituel, le:** geistig.
outre-Méditerranée: jenseits des Mittelmeers.
10 **l'an prochain à Jérusalem:** »Nächstes Jahr in Jerusalem« (jahrhundertealter Neujahrsgruß der Juden in der ganzen Welt).
11 **la trappe:** Fall-, Klapptür; Versenkung.
12 **le Panik-orchester:** Name der von Udo Lindenberg gegründeten Rockgruppe.
Eric Burdon: Name eines britischen Rockmusikers (geb. 1941).
13 **le flash** (angl.): Blitz(licht).
multicolore: vielfarbig, bunt.

Editorische Notiz

Der französische Text folgt den Ausgaben: Michel Tournier, *Sept Contes*, Collection folio junior, Paris: Gallimard, 1990, und *Petites Proses*, Paris: Gallimard, 1986. Das Glossar enthält alle Wörter, die nicht im *Dictionnaire fondamental de la langue française* von Georges Gougenheim (Paris: Marcel Didier, 1958) verzeichnet sind. Im Zweifelsfall wurde großzügig verfahren, d. h. eher eine Vokabel mehr aufgenommen als dort vorgesehen. – Die einzelnen Texte sind unabhängig voneinander glossiert.

Im Glossar verwendete Abkürzungen

adv.	adverbe
angl.	anglais/anglicisme
f.	féminin
fam.	familier (umgangssprachlich)
fig.	figuré (übertragen)
interj.	interjection (Ausruf)
iron.	ironique
litt.	littéraire
m.	masculin
péj.	péjoratif (abwertend)
pop.	populaire (salopp)
qc	quelque chose
qn	quelqu'un
vx.	vieux (veraltet)

Literaturhinweise

Im folgenden werden Textausgaben Michel Tourniers aufgeführt, die nicht nur für Erwachsene bestimmt und in einer Taschenbuchausgabe (Coll. »Folio«) erhältlich sind (vgl. hierzu die im Nachwort wiedergegebene Aussage Michel Tourniers, S. 77).
Als Sekundärliteratur sind Texte angegeben, die die Auseinandersetzung mit dem Autor und den Erzählungen des vorliegenden Bandes vertiefen können.

Textausgaben

1. Romane

Vendredi ou La Vie sauvage (1971)
Folio junior 30.
Folio junior 445 (Sonderausgabe mit interessantem Zusatzmaterial).

Les Rois Mages (1983)
Folio junior 280.

2. Erzählungen

Le Coq de bruyère (1978)
Folio 1229.

Sept Contes (1984)
Dieser Sammlung sind die Erzählungen des vorliegenden Bandes entnommen.
Folio junior 264.

Zwei Ausgaben für Kinder, mit sehr ansprechenden farbigen Illustrationen:

Barbedor (1980)
Folio cadet rouge 172.

Pierrot ou Les Secrets de la nuit (1979)
Folio cadet rouge 205.

3. Betrachtungen

Petites Proses (1986)
Dieser Sammlung sind die kurzen Texte des vorliegenden Bandes entnommen.
Folio 1768.

Sekundärliteratur

Rück, Heribert: *Amandine ou Les Deux Jardins.* Analyse modèle. In: H. R.: Contes d'initiation. Analyses modèles. Stuttgart 1989. S. 17–33.
Stirn, François: *Vendredi ou Les Limbes du Pacifique.* Tournier. Paris 1983. (Coll. »Profil d'une œuvre«.)
Vray, Jean-Bernard: L'Habit d'Arlequin. In: Sud. Revue littéraire. Hors Série Michel Tournier. Marseille 1980. S. 149–166.

Nachwort

Zwischen Frankreich und Deutschland

Michel Tournier wurde 1924 in Paris geboren. Die Eltern hatten beide an der Sorbonne, der berühmten Pariser Universität, deutsche Philologie studiert und machten ihre Kinder frühzeitig mit Deutschland und den Deutschen bekannt. So lernte Michel Tournier schon als Kind die deutsche Sprache und hielt sich wiederholt in Deutschland auf, was damals – in der Zeit der beginnenden Nazi-Herrschaft in Deutschland und eines wieder wachsenden Mißtrauens gegenüber den Deutschen in Frankreich – außergewöhnlich war. Gerade wegen ihrer Sympathie für Deutschland und seine Kultur erlebten dann Eltern und Kinder mit Entsetzen die Herrschaft der Nationalsozialisten während der deutschen Besetzung Frankreichs (1940–44). Manche Beobachtung, manches Erlebnis des heranwachsenden Michel Tournier aus dieser Zeit ging später in seinen Roman *Le Roi des Aulnes* (dt. *Der Erlkönig*) ein, für den er 1970 die begehrte Auszeichnung des Prix Goncourt erhielt.
Trotz dieser Erfahrungen zog es den Studenten der Philosophie sofort nach dem Ende des Zweiten Weltkriegs nach Deutschland. Der Wunsch, seine Kenntnisse über die deutschen Philosophen zu vertiefen, veranlaßte ihn, vier Jahre lang (1946–50) in Tübingen zu leben. Nach seiner Rückkehr scheiterte er in der wichtigen Prüfung der »agrégation«, deren Bestehen ihm u. a. die Möglichkeit eröffnet hätte, an einer Universität zu unterrichten. Tournier entschloß sich, die Philosophie mit der Literatur zu verbinden und in diesem Sinne als Schriftsteller tätig zu werden. Lange Zeit mußte er sich zunächst mit Radiosendungen und mit Übersetzungen für einen Pariser Verlag begnügen. 1967 veröffentlichte er dann seinen ersten Roman *Vendredi ou Les Limbes du Pacifique*, an dem er zwei Jahre lang gearbeitet hatte und der gleich ein Erfolg war. Von nun an gehörte der Erfolg als Schriftsteller zum Leben Michel Tourniers. Seine Romane und Erzählungen fanden ein stetig wach-

sendes Publikum und wurden bisher in mehr als zwanzig Sprachen übersetzt. Heute ist unbestritten, daß er zu den wirklich bedeutenden Schriftstellern des gegenwärtigen Frankreich zählt.

Den Kontakt zu Deutschland hat Michel Tournier nie verloren. Seine Beherrschung der deutschen Sprache, seine Kenntnisse über das Nachbarland und dessen Bewohner führen dazu, daß man ihn immer wieder nach Deutschland einlädt. In seinem öffentlichen Auftreten zeigt Michel Tournier zuweilen eine unbequeme Eigenwilligkeit: Er äußert sich nicht nur zu kulturellen und literarischen Angelegenheiten, sondern auch zu aktuellen politischen und gesellschaftlichen Fragen. Und dann sagt er nicht unbedingt das, was man von ihm erwartet. Sein Bericht von einer Veranstaltung der SPD im Jahr 1985 *De Jérusalem à Nuremberg* (S. 65 ff.) gibt dafür ein Beispiel. Michel Tournier mag manchmal unbequem sein, aber er ist in seiner kritischen Haltung ein Freund Deutschlands und der Deutschen.

Der Schriftsteller

Warum schreibt ein Schriftsteller? Warum erfindet er Geschichten und Personen? In dem kurzen Text *Réponse* (S. 57 f.) gibt Michel Tournier darauf eine einfache Antwort: »Je dirai quant à moi: pour être lu.« Doch dieses so einfach erscheinende ›um gelesen zu werden‹ zieht unweigerlich zwei weitere Fragen nach sich: Warum will Michel Tournier gelesen werden? Und: Von wem will er gelesen werden?

Warum? Ein Buch, eine Geschichte schreiben, das ist für Michel Tournier eine Art Schöpfungsakt auf zwei Ebenen: beim Autor und bei seinen Lesern. »Et comme toute création entraîne joie, il y a pour moi double joie: celle de créer et celle de susciter une cocréation chez mes lecteurs« (S. 57). Mit den vom Schriftsteller erschaffenen Geschichten und Personen geschieht dabei Wesentliches, das ihm meist verborgen bleiben muß: »le lecteur s'empare [d'une histoire et des personnages] et poursuit cette création pour la faire sienne« (ebd.). Und gerade das Verborgene, das nicht jedem und nicht immer Sichtbare, fasziniert Michel Tournier. Zwei der hier wiedergegebenen Texte zeigen dies deutlich.

In *Les Fiancés de la plage* (S. 58 ff.) beobachtet Michel Tournier eine Familie an einem sommerlichen Strand: Ein etwa sechsjähriger Junge sieht in seiner Mutter etwas, was die älteren Geschwister nicht sehen, nicht mehr sehen können. Dies schafft nicht nur eine besondere Beziehung zur Mutter, zum anderen, sondern schlägt auch den anderen in den Bann, verändert dessen Blick auf sich selbst: »Et la maman, plus toute jeune, un peu corpulente déjà, qui regarde son petit garçon. Non, qui *se* regarde avec émerveillement dans les yeux de son petit garçon« (S. 61).

In *Le Fantôme d'Arles* (S. 62 ff.) schildert Michel Tournier, wie er, inmitten der heiteren Lebhaftigkeit der südfranzösischen Stadt, die Gedanken an den Maler Vincent van Gogh nicht los wird, der hier 1888/89 in ärmsten Verhältnissen lebte, malte und immer mehr dem Wahnsinn verfiel: »Oui, Arles est une petite cité riante et ensoleillée. Mais j'entends toujours dans l'ombre de ses ruelles sinueuses résonner les lourds brodequins de Vincent Van Gogh« (S. 64 f.).

Ist es dieses Interesse für das Verborgene, für das nicht jedem und nicht immer Sichtbare, das den Schriftsteller Tournier bewegt, wenn er sich immer wieder mit seinen Lesern trifft, wenn er mit ihnen über seine Bücher, seine Geschichten und Personen spricht?

Von wem will er gelesen werden? Natürlich von möglichst vielen. Aber unter den möglichst vielen scheint Tournier eine Gruppe von Lesern besonders zu schätzen. Denn es fällt auf, daß er häufig in die Schulen geht und sich dort bereitwillig den Beobachtungen und manchmal unbequemen Fragen seiner kleinen Leser stellt. »Ich schreibe keine Bücher für Kinder. Aber gelegentlich lege ich mich dermaßen ins Zeug und entwickle so große Fähigkeiten, daß das von mir Geschriebene auch von den Kindern gelesen werden kann. Wenn meine Feder weniger erfolgreich ist, dann reicht ihr Werk gerade noch für die

Erwachsenen.«[1] Seinen ersten Roman *Vendredi ou Les Limbes du Pacifique*, der ihn auf Anhieb bei den Erwachsenen bekannt machte, schrieb er noch einmal, diesmal für Kinder: *Vendredi ou La Vie sauvage*. Andererseits wurden gerade jene Erzählungen, die viele der erwachsenen Leser zu den besten Schöpfungen Tourniers zählen, zunächst in Ausgaben für Kinder veröffentlicht. So unsere Erzählungen *Pierrot ou Les Secrets de la nuit* (1979) und *Barbedor* (1980). Dazu nochmals der Autor: »Falls etwas von dem, was ich schreibe, fortdauert, bin ich überzeugt, daß dies *Vendredi ou La Vie sauvage*, *Pierrot ou Les Secrets de la nuit* oder *Barbedor* sein wird.«[2]

Moderne »contes initiatiques«

In seinem Buch *Kinder brauchen Märchen* schreibt der Psychologe Bruno Bettelheim: »Anders als jede sonstige Literatur führen die Märchen das Kind zur Entdeckung seiner Identität und seines Lebenssinns; sie geben auch zu erkennen, welche Erfahrungen notwendig sind, den eigenen Charakter weiterzuentwikkeln. [. . .] Im Märchen werden innere Vorgänge zum Ausdruck gebracht; in der Darstellung der Märchengestalten und Ereignisse werden sie verständlich. [. . .] Man kann das, was mit den Helden und Heldinnen in den Märchen geschieht, mit Initiationsriten vergleichen, in die der Novize (›Neuling‹) naiv und ahnungslos eintritt und aus denen er am Ende auf einer höheren Existenzebene entlassen wird.«[3] Märchen können demnach ein Mittel sein, das dem heranwachsenden Kind hilft, sich über seine Entwicklung klar zu werden, das ihm eine Einführung bzw. Einweihung (Initiation) in das Leben und in die Welt der Erwachsenen verschafft. Märchen sind »contes initiatiques«: »Es handelt sich um die Neuheit und die Intensität einer Erfahrung, einer Begegnung oder einer Beobachtung für ein Mäd-

1 Michel Tournier, *Pierrot ou Les Secrets de la nuit*, Paris 1989 (Coll. »Folio cadet« 205), S. 40.
2 Ebd.
3 Bruno Bettelheim, *Kinder brauchen Märchen*, Stuttgart 1977, S. 28 f., S. 265.

chen oder einen Jungen, mit denen diese zum ersten Mal in Berührung kommen; diese Erfahrungen bringen sie dem Leben der Erwachsenen näher und führen sie in dieses Leben ein.«[4]
Michel Tournier hat ausdrücklich den Mangel solcher Erfahrungen in der Erziehung der Kinder beklagt, denn diese Erziehung beschränke sich immer mehr auf eine rein praktischen Zielen verpflichtete Unterweisung. In einigen seiner Erzählungen ist es ihm gelungen, die lange Tradition der »contes initiatiques« in einer modernen Form neu zu beleben. Dazu gehören die drei Erzählungen dieses Bandes.
Die Darstellung innerer Vorgänge, die Entdeckung der eigenen Identität durch den Heranwachsenden und der Zugang zu einer ›höheren Existenzebene‹ werden in *Amandine ou Les Deux Jardins* besonders deutlich. Zu Beginn der als Tagebuch geschriebenen Erzählung stellt sich die ›Heldin‹ vor: »J'ai des yeux bleus, des lèvres vermeilles, des grosses joues roses, des cheveux blonds ondulés. Je m'appelle Amandine. Quand je me regarde dans une glace, je trouve que j'ai l'air d'une petite fille de dix ans. Ce n'est pas étonnant. Je suis une petite fille et j'ai dix ans« (S. 3). Am Ende wiederholt sich zunächst der erste Satz dieses Tagebucheintrags, dann aber: »Pourtant je n'ai plus l'air d'une petite fille de dix ans. De quoi ai-je l'air? [. . .] Je trouve que je ressemble au garçon de pierre . . .« (S. 18). Dieser Junge aus Stein, in dem sich Amandine entdeckt, ist eine Statue des Amor im Nachbargarten.
Ebenfalls zu Beginn erzählt Amandine von ihrer Katze. Der Name der Katze ist geschlechtsneutral: Claude. Erst die Tatsache, daß das Mädchen eines Morgens im Korb unvermutet vier Kätzchen vorfindet, führt zu der Schlußfolgerung, daß Claude eine Kätzin sein muß. Von den vier Kätzchen wiederum sind drei durch ihren Namen als männlich ausgewiesen, das vierte aber: »Pour Kamicha, évidemment, il y a un doute« (S. 4). Die Erzählung endet mit dem folgenden Eintrag über Kamicha: »À propos de flanc, je le trouve bien rond. De jour en jour plus rond. Ça doit être une chatte. Kamichatte . . .« (S. 18).

4 Heribert Rück, *Contes d'initiation*, Stuttgart 1989, S. 4.

Zwischen Beginn und Ende liegt der Ausflug Amandines in den Nachbargarten, der so ganz anders ist als der Garten der Eltern, den das Mädchen am Schluß als »le jardin de mon enfance« bezeichnet. Im elterlichen Garten ist alles klar und wohl geordnet; Amandine findet dies beruhigend, aber zuweilen auch ein wenig langweilig. Der Nachbargarten – für das Mädchen »le jardin de Kamicha«, da die Katze dorthin verschwindet – ist von einer schwer zu überwindenden, türlosen Mauer umgeben. Amandine klettert über einen Baum auf die Mauer und entdeckt von deren Höhe aus eine Art Urwald, den sie von Kröten und Schlangen bevölkert glaubt. Trotzdem wagt sie sich hinunter, trifft auf Kamicha und folgt der Katze zu einer Entdeckungsreise durch diese neue Welt. Die Entdeckungsreise endet bei der Amor-Statue, deren Betrachtung das Mädchen verwirrt: »J'ai envie de pleurer et je suis heureuse« (S. 17). Überstürzt verläßt Amandine den faszinierenden Nachbargarten, eilt auf ihr Zimmer, weint lange – »pour rien, comme ça« – und schläft schließlich ein. Beim Erwachen stellt sie fest, daß ihre Kleidung nicht verschmutzt ist, aber sie entdeckt erstaunt auf einem Bein etwas Blut. Dessen Ursprung kann sie sich nicht erklären, da nirgends eine Schramme zu sehen ist. So macht Michel Tournier sehr konkret den Wandel Amandines deutlich: vom Kind zum Mädchen mit seiner Geschlechtlichkeit. Ein Wandel, der Amandine bei dem erneuten Blick in den Spiegel langsam bewußt wird (»De quoi ai-je l'air? . . .«) und der sich auch in der Veränderung der Katze Kamicha widerspiegelt.

Amandine ou Les Deux Jardins läßt uns so den Übergang von der behüteten und wohl geordneten Kindheit in die Welt des Jugendlichen erleben, die von neuen Gefühlen und der Entdeckung der eigenen Geschlechtlichkeit geprägt ist.

In der Erzählung *Pierrot ou Les Secrets de la nuit* geht es um eine weitere Phase in der Entwicklung des heranwachsenden Menschen, um eine wiederum »höhere Existenzebene« (Bettelheim): die Entdeckung des Anderen und des Wesens wahrer Liebe. Auf den ersten Blick scheint es sich um ein ganz banales Dreiecks-Verhältnis zu handeln: Pierrot – Colombine – Arlequin. Pierrot und Colombine kennen sich seit der gemeinsamen

Schulzeit und scheinen für einander bestimmt. Pierrot liebt Colombine, doch diese folgt Arlequin; schließlich verläßt sie Arlequin und kehrt zu Pierrot zurück. Hier könnte die Erzählung ein moralisch beruhigendes Ende finden, aber Michel Tournier führt sie fort: In einer kalten Winternacht taucht Arlequin bei Pierrot auf, der den Frierenden zu sich und Colombine in die warme Backstube läßt. Eine Art Agape – das abendliche Mahl der frühchristlichen Gemeinden, oft mit einer Speisung der Bedürftigen – vereint die beiden Rivalen und das Mädchen, »les trois amis« (S. 39). Und: »Ils se regardent. Ils sont heureux.« (S. 41). Dies zeigt, daß nicht das Dreiecks-Verhältnis mit der Niederlage eines der beiden Rivalen, nicht die durchaus dramatische Liebesgeschichte im Mittelpunkt steht, sondern jede der einzelnen Personen.

Pierrot ou Les Secrets de la nuit verschafft dem Leser ein vielfältiges Lese-Vergnügen, denn diese Erzählung ist auf mehreren Ebenen lesbar. Das Interesse und die Sympathie des kindlichen Lesers kann dem verlassenen, dennoch treuen und schließlich geliebten Pierrot gelten. Oder der zunächst leichtfertigen, dann aber die wahre Liebe entdeckenden Colombine. Und warum nicht dem Luftikus Arlequin, der Leben und Farbe in den Alltag bringt?

Der jugendliche, der ältere Leser wird fasziniert sein vom Spiel der Farben und Gegensätze: weiß/schwarz, Sonne/Mond, Tag/Nacht, Sommer/Winter. Pierrot und Colombine vereint zunächst die Farbe Weiß in Kleidung und Beruf: er ist Bäcker, sie eine Wäscherin. Gleichzeitig trennt sie der Tagesablauf, der auch ihr Wesen prägt: Pierrot arbeitet in der Nacht, er liebt den Mond und den Winter; er ist schüchtern und schweigsam. Colombine arbeitet am Tag, sie liebt die Sonne und blüht nur im Sommer auf; sie sieht in der Nacht eine schwarze, von furchterregenden Tieren bevölkerte Dunkelheit. Eines Tages zieht Arlequin in das kleine Dorf ein. Sein Wagen ist bunt und seine Kleidung hat »toutes les couleurs de l'arc-en-ciel, plus quelques autres encore« (S. 24), aber kein Weiß, kein Schwarz; Arlequin ist lebhaft, unternehmungslustig und ein Schönredner. Der scharfe Gegensatz zu Pierrot ist offenkundig, nicht aber zu Colombine: Arlequin und

Colombine sind zwei »enfants du soleil que rapprochait leur commune gaieté« (S. 25). Und so verwundert es nicht, daß aus der weißen Colombine sehr schnell eine ›Arlequine‹ wird. Auch sie trägt nun ein buntes Kleid »de toutes les couleurs, mais sans noir ni blanc« (S. 30). Fröhlich und glücklich verläßt sie mit Arlequin das Dorf und die beiden ziehen durch das Land.
Dieses Leben mit Arlequin aber wird für Colombine – wie der Ausflug in den Nachbargarten für Amandine – zu einer inneren Entdeckungsreise. Auf den farbenfrohen Sommer folgt der regnerische Herbst, dann der weiße Winter. Die Entbehrungen der Reise machen Colombine aufnahmebereit für die Botschaft Pierrots, für »les secrets de la nuit« (S. 33f.). Sie spürt, wie oberflächlich und vergänglich die Farben und Worte Arlequins sind; sie beginnt, hinter die äußeren Erscheinungen zu sehen. So kehrt Colombine unter großen Mühen in das Dorf, zu Pierrot zurück. Was sie bei ihrer Ankunft dort sieht, ist ihr bekannt und doch ganz anders: »C'est la pleine nuit. Tout dort sous la neige. Neige blanche? Nuit noire? Non. Parce qu'elle s'est rapprochée de Pierrot, Colombine a maintenant des yeux pour voir: bleue est la nuit, bleue est la neige, c'est évident!« (S. 35). Man fühlt sich unwillkürlich an *Le Petit Prince* von Saint-Exupéry erinnert, den Michel Tournier zu den höchsten Gipfeln der Weltliteratur zählt[5]: »Adieu, dit le renard. Voici mon secret. Il est très simple: on ne voit bien qu'avec le cœur. L'essentiel est invisible pour les yeux.«[6]
Diese Erinnerung führt zu einer weiteren Ebene im Lese-Vergnügen: die erzählerische Einbindung von Bekanntem bzw. die Zurückführung des Bekannten auf einen nun in der Erzählung begründeten Ursprung. Michel Tournier: »Vielleicht besteht der Gipfel der Kunst darin, Neues zu schaffen, indem man dem Neuen einen Anstrich des Schon-Gesehenen gibt, der beruhigt und das Neue in der Vergangenheit des Lesers leise nachklingen läßt.«[7] Dafür drei Beispiele:

5 Tournier, *Pierrot ou Les Secrets de la nuit*, S. 40.
6 Antoine de Saint-Exupéry, *Le Petit Prince*, in: A. de S.-E., *Œuvres*, Paris 1959, S. 474.
7 Jean-Bernard Vray, »L'Habit d'Arlequin«, in: *Sud. Revue littéraire. Hors Série Michel Tournier*, Marseille 1980, S. 149.

– Pierrot, Colombine und Arlequin sind mit ihren Namen, in ihrer äußeren Erscheinung (z. B. Kleidung) und in ihrem Wesen typisierte Figuren der Commedia dell'arte bzw. des italienischen Theaters im Frankreich des 17. Jahrhunderts und als solche einem breiten französischen Publikum vertraut. Michel Tournier macht aus ihnen einen Bäcker, eine Wäscherin und einen Anstreicher – die berufliche Tätigkeit begründet nun ihre äußere Erscheinung, ohne die Erinnerung des Lesers an den Ursprung aufzuheben. Diese Erinnerung wiederum hilft dem Leser, wenn es darum geht, Verhalten und Wesen der Personen in der Erzählung zu verstehen.

– Die Wäscherin Colombine läßt sich von Arlequin zu den Farben bekehren. Und seit dieser denkwürdigen Begegnung verdrängen – so erzählt uns Michel Tournier – blaue Kopfkissenbezüge, grüne Tisch- und rosa Bettücher im Handel die weißen Stoffe.

– Der Leser erfährt auch, wie ein altes Kinder- und Volkslied entstanden sein soll. Colombine ist zu Pierrot zurückgekehrt, beide befinden sich in der warmen, vom Feuer des Backofens erhellten Stube; draußen, in der dunklen und winterkalten Nacht steht Arlequin, der Colombine gefolgt ist. Er klopft zuerst zaghaft an die Tür, und dann: »Il chante une chanson devenue célèbre depuis, mais dont les paroles ne peuvent se comprendre que si l'on connaît l'histoire que nous venons de raconter:

Au clair de la lune,
Mon ami Pierrot! . . .« (S. 38 f.)

Die Erzählung *Barbedor* hat denselben Aufbau eines »conte initiatique«, der *Amandine ou Les Deux Jardins* und *Pierrot ou Les Secrets de la nuit* zugrundeliegt. Der ›Held‹ verläßt den Alltag, die Routine des bisherigen Lebens, und kehrt nach einiger Zeit wieder dorthin zurück. Zwischen Aufbruch und Rückkehr aber liegen Erfahrungen und Entdeckungen, die ihn in seinem Selbstverständnis und in seinem Verhältnis zur Umwelt grundlegend verändern. Jede der drei Erzählungen hat einen anderen Lebensabschnitt zum Inhalt: Kindheit, Jugend, Mitte des Lebens. Und jedes Mal gleicht der Gang der Erzählung einer Hauptstraße, von der der ›Held‹ auf eine Umleitung abbiegt und auf die er ein Stück weiter zurückkehrt. Allerdings ist dabei die Umleitung zur wichtigsten Wegstrecke geworden.

In *Barbedor* verändert sich das Leben des sorglosen und trägen Königs Nabounassar III., als er bemerkt, daß mit seinem goldenen Bart – seinem ganzen Stolz und seit langem seinem wesentlichen Lebensinhalt – etwas Seltsames passiert: nach jeder Nacht entdeckt er darin ein weißes Barthaar und nach jedem folgenden Mittagsschlaf ist es verschwunden. Der prächtige Bart wird immer spärlicher. Der beunruhigte König kommt der Ursache allmählich auf die Spur. Während des täglichen Mittagsschlafs zupft ein Vogel das weiße Barthaar aus und fliegt mit ihm davon. Nabounassar III. macht sich auf die Suche nach dem Räuber, findet ihn und entdeckt, daß der weiße Vogel aus den Barthaaren ein weißes Nest gebaut hat. Er nimmt das Nest mit einem goldfarbenen Ei an sich und kehrt in die Stadt zurück. Inzwischen ist er wieder zum Jüngling geworden. In der Stadt, wo gerade das feierliche Begräbnis Nabounassars III. stattfindet, wird der Jüngling zum neuen König Nabounassar IV. ausgerufen. Die Herrschaft des jungen Nabounassar IV. ist lang und glücklich. Der König, der in sich die Erinnerung an die Suche nach dem weißen Vogel bewahrt, lebt sorglos. »Jusqu'au jour où, les années passant, ce souvenir commença à s'effacer de sa mémoire. C'était à l'époque où une belle barbe d'or peu à peu lui couvrait le menton et les joues« (S. 56). Damit endet die Erzählung. Der Kreis schließt sich. Nabounassar IV. ist an demselben Punkt angelangt, an dem er als Nabounassar III. aus seiner Sorglosigkeit und Trägheit gerissen wurde, sein bisheriges Leben verließ und es damit veränderte.

Kindheit, Jugend, Mitte des Lebens – in den drei Erzählungen dieses Bandes zeigt uns Michel Tournier den Menschen in jedem Lebensabschnitt auf der Suche und auf dem Weg zu sich selbst.

Klaus Sturm

Inhalt

Französische Fremdsprachentexte

IN RECLAMS UNIVERSAL-BIBLIOTHEK

Jean Anouilh: Antigone. 118 S. UB 9277

Marcel Aymé: Le Passe-muraille et autres nouvelles. 88 S. UB 9179

Honoré de Balzac: Le Colonel Chabert. 132 S. UB 9159

Baudelaire, Rimbaud, Verlaine, Mallarmé: Poésies. 94 S. UB 9286

Tahar Ben Jelloun: Les Raisins de la galère. 176 S. UB 9056

Boileau/Narcejac: Le Fusil à flèches. 85 S. UB 9269

Albert Camus: L'Étranger. 165 S. UB 9169 – L'Hôte / Le Premier Homme. 164 S. UB 9041

Jean Cocteau: La Voix humaine / Le Bel Indifférent. 69 S. UB 9031

Contes d'amour. 159 S. UB 9014

Contes provençaux. 149 S. UB 9052

Conteurs du Maghreb. 159 S. UB 9036

Conteurs français du XXe siècle. 192 S. UB 9046

Conteurs franco-canadiens. 168 S. UB 9067

Conteurs francophones noirs. 194 S. UB 9074

Pierre Daninos: Vacances à tous prix. 87 S. UB 9199

Raymond Devos: Matière à rire. Sketches. 80 S. UB 9002

Maurice Druon: Tistou les pouces verts. 134 S. UB 9282

Marguerite Duras: Moderato Cantabile. 124 S. UB 9032

Annie Ernaux: Une Femme. 95 S. UB 9278

Gustave Flaubert: Un Cœur simple. 91 S. UB 9200

La France. Regards sur un pays voisin. 290 S. UB 9068

La France qui rit. 95 S. UB 9021

Pierre Jakez Hélias: Contes bretons. 102 S. UB 9055

Eugene Ionesco: La Cantatrice chauve. 69 S. UB 9164

Mathieu Kassovitz: La Haine. Scénario. 155 S. UB 9081

Französische Literatur in zweisprachigen Ausgaben

Das altfranzösische Rolandslied. 435 S. UB 2746

Baudelaire, *Les Fleurs du Mal / Die Blumen des Bösen.* 514 S. 9 Abb. Gebunden

Corneille, *Le Cid / Der Cid.* 327 S. UB 9398

Französische Chansons. Von Béranger bis Barbara. 462 S. UB 8364

La Fontaine, *Fabeln.* 430 S. UB 1718

Leprince de Beaumont, *La Belle et la Bête. / Die Schöne und das Tier.* 48 S. UB 9608

Mérimée, *Mateo Falcone / Das Blaue Zimmer.* 80 S. UB 9795

Molière, *L'Avare / Der Geizige.* 275 S. UB 8040 – *Le Bourgeois gentillhomme / Der Bürger als Edelmann.* 224 S. UB 8868 – *Dom Juan ou Le Festin de Pierre / Don Juan oder Der steinerne Gast.* 237 S. UB 8556 – *Le Malade imaginaire / Der eingebildete Kranke.* 256 S. UB 7697 – *Le Misanthrope / Der Menschenfeind.* 237 S. UB 8924 – *Les Précieuses ridicules / Die lächerlichen Preziösen.* 211 S. UB 461 – *Le Tartuffe ou l'Imposteur / Der Tartuffe oder Der Betrüger.* 317 S. UB 8353

Racine, *Britannicus.* 224 S. UB 1293 – *Phèdre / Phädra.* 255 S. UB 839

Rimbaud, *Illuminations / Farbstiche.* 131 S. UB 8728 – *Une Saison en Enfer / Eine Zeit in der Hölle.* 110 S. UB 7902

Verlaine, *Gedichte: Fêtes galantes, La Bonne Chanson, Romances sans paroles.* 110 S. UB 8479

Villon, *Das Kleine und das Große Testament.* 336 S. UB 8518

Voltaire, *L'Ingénu / Der Freimütige.* 256 S. UB 7909

Philipp Reclam jun. Stuttgart